子どもの未来を支える
社会的養護

小野澤 昇／大塚良一／田中利則
［編著］

ミネルヴァ書房

　　　　　は じ め に

　親の不適切な対応が原因で尊い子どもの生命が失われてしまうという事件が
発生し，心を痛めている方も多いと思います。なぜ，子どもたちの尊い生命が
失われたり，危機にさらされたりしなくてはいけないのでしょうか。
　子どもたちの生活する場は「家族に見守られた環境のなかで，安心して成長
していける」ことが不可欠です。しかし，子どもの成長発達に必要な環境が適
切に保障されない子どもたち（たとえば，家族から虐待を受けている子ども，両親
が死亡してしまい親のいなくなってしまった子ども，両親の離婚や家業の破産等により
家庭が崩壊し，子どもにとって適切な養育環境を確保することが困難になった場合，知
的障害や肢体不自由，発達障害などの障害や非行などの問題があるために家庭での養育
が困難であり，専門的な教育や治療・訓練を必要とする場合などが考えられます）が存
在しています。
　子どもにとって，何より大切なことは「大人からの愛情を受け，家族と共に
安全な環境で安心して生活し成長する」ことですが，そうした環境を得ること
の困難な子どもたちがいます。そうしたとき，親に代わって子どもを保護する
とともに，養育に大きな困難を抱える家庭への支援を行うことを目的として
「社会的養護」の取り組みがあります。社会的養護は，「子どもの最善の利益の
ために」と「社会全体で子どもを育む」を理念として行われる取り組みです。
　社会的養護の取り組みのなかには「施設養護」と言われ，子どもや家庭の支
援を目的として児童福祉施設を中心として取り組まれている活動があります。
児童福祉施設における養護活動は，子どもにとっては家庭に代わる「生活の
場」としての養育支援を受ける大切な環境であり，国の責任（社会的な責任）
において実施される「きわめて責任の重い養護（養育）活動」であると言えま
す。児童福祉施設で実践される養護活動は多くの場合，保育士を中心として取

i

り組まれており，保育士には社会的養護に関する知識や実践力が求められます。

　社会的養護の実践の場である児童福祉施設（乳児院や児童養護施設など）は，保育所のように比較的容易に想定できる環境とは言えないことや社会的養護に関する学習が多岐にわたることもあり，保育士の資格取得を目指す学生にとっては体系的な学習の難しい教科と言えるかもしれません。

　2018年度に保育所保育指針の改定に合わせ，保育士養成課程の見直し・変更が行われました。これまで「社会的養護」と「社会的養護内容」として取り組まれてきた教科目が「社会的養護Ⅰ」「社会的養護Ⅱ」と名称変更され，「子どもの人権擁護を踏まえた社会的養護の基本」や「社会的養護の対象や形態，関係する専門職等」について理解すると同時に，「施設養護及び家庭養護の実際」や「子ども虐待の防止と家庭支援」について理解するなどの教授内容が求められることとなりました。

　本書は，改正された保育士養成課程の「社会的養護Ⅰ」「社会的養護Ⅱ」の教授内容を精査し，２つの教科を一冊のテキストにまとめることにより，関連性をもちながら，２つの教科の学習や教授が可能となるよう配慮し，児童福祉施設等での実務経験を有し，現在，大学や短期大学で実際に社会的養護などの講義を担当している教員を中心として作成しました。具体的には全体をⅡ部構成とし，第Ⅰ部（第1章から第6章）が「社会的養護Ⅰ」に，第Ⅱ部（第7章〜第12章）が「社会的養護Ⅱ」に該当する内容となっています。

　作成に当たっては，可能な限り実際の例をふまえ，養成校における保育士資格取得に不可欠である福祉施設での実習などにも活用できるよう，「これだけは学生に伝えておきたい」と感じている点を中心に解説を行いました。

　本書を利用して学習し，保育士として必要な学習を進め，社会的養護の実際について理解を深め，一人でも多くの方が子どもの養護に関わっていただけることを念願しています。

　2019年9月

編著者一同

目　　次

はじめに

第Ⅰ部　社会的養護の原理

第1章　現代社会における社会的養護の意義 ……………………3

第1節　子どもの未来を支えるために ……………………………3
（1）子どもの生活を守る　3
（2）子どもの最善の利益を目指すための取り組み　4

第2節　社会的養護とは …………………………………………9
（1）社会的養護の機能　10
（2）社会的養護の役割　11

第3節　社会的養護を必要とする子どもたち ……………………12
（1）要保護児童の現状　12
（2）家族形態・家庭環境の変化と子どもたちの生活　13
（3）社会的養護を必要とする子どもたち　14

第4節　社会的養護の取り組みの基本的な方向 …………………15
（1）「社会的養護の課題と将来像」に見る社会的養護の基本的方向　16
（2）「新しい社会的養育ビジョン」に見る社会的養護　18

第2章　社会的養護の歴史的変遷 ……………………………21

第1節　イギリスを中心としたヨーロッパにおける歴史的変遷 …………21
（1）共同体と子ども　21
（2）産業革命と子どもへの福祉の芽吹き　22

iii

（3）子どもの保護　23
（4）子どもの人権　24

第2節　アメリカ合衆国における歴史的変遷 …………………………………… 25
（1）施設から家庭へ　25
（2）施設養護と家庭的養護・ホスピタリズム　26

第3節　日本における歴史的変遷 …………………………………………………… 27
（1）慈善事業のはじまり――古代から幕末まで　27
（2）公的支援と民間慈善施設の設立――明治から第二次世界大戦まで　28
（3）戦争孤児への対応と児童福祉法の制定――第二次世界大戦後　31
（4）児童の権利と支援体制の整備　32

第4節　社会的養護に求められるこれからの方向性 …………………………… 33
（1）社会的養護の変化　33
（2）新しい社会的養育　34

第3章　社会的養護の基本 ……………………………………………………… 37

第1節　子どもの人権擁護と社会的養護 ………………………………………… 37
（1）児童の権利に関するジュネーブ宣言　38
（2）児童権利宣言　39
（3）児童の権利に関する条約　39
（4）日本の児童福祉政策　41
（5）子どもの権利ノート　42
（6）子どもの最善の利益　43

第2節　社会的養護の基本原理 …………………………………………………… 44
（1）家庭的養護と個別化　45
（2）発達の保障と自立支援　46
（3）継続的支援と連携アプローチ　46

第3節　社会的養護における保育士等の倫理と責務 …………………………… 47
（1）社会的養護の子どもたちへの支援と保育士の倫理　47
（2）社会的養護の子どもたちへの支援と保育士の責務　49

目　次

第4章　社会的養護の制度と実施体系 ……………………………………53

第1節　社会的養護の法制度体系 ……………………………………53
（1）児童福祉法の目的と内容　54
（2）児童虐待の防止等に関する法律の目的と内容　56

第2節　社会的養護の実施体系 ……………………………………58
（1）里親制度による家庭養護の推進　58
（2）施設養護による家庭的養護と個別化の推進　59

第3節　児童相談所の機能と社会的養護 ……………………………………61
（1）相談内容と診断　61
（2）入所措置等　62
（3）自立支援　64
（4）里親委託　65
（5）体制強化に向けて　65

第5章　社会的養護の対象・形態・専門職 …………………………67

第1節　社会的養護の対象 ……………………………………67
（1）養育環境に困難のある子どもたち　68
（2）生きづらさを抱えている子どもたち　69
（3）障害のある子どもたち　69

第2節　家庭養護という形態 ……………………………………70
（1）里　親　70
（2）ファミリーホーム事業　73

第3節　施設養護という形態 ……………………………………74
（1）養育環境に困難のある子どもたちを支援するための施設　75
（2）生きづらさを抱えている子どもたちを支援するための施設　79
（3）障害のある子どもたちを支援するための施設　84
（4）アドミッションケアからアフターケアまで　87

第4節　社会的養護に関わる専門職 ……………………………………89
（1）生活場面に携わる専門職　89

v

（2）生活場面以外に携わる専門職　91

第6章　社会的養護の現状と課題……………………………………95

第1節　社会的養護に関する社会的状況……………………………95
（1）子どもが暮らす現代社会の課題　95
（2）日本の社会から見た社会的養護の必要性　97

第2節　施設の運営と管理……………………………………………99
（1）施設の運営主体　99
（2）施設の運営　101

第3節　社会的養護に関わる虐待防止・権利擁護………………104
（1）入所（利用）児童の権利擁護　104
（2）施設内の虐待　106

第4節　社会的養護の視点から見た地域福祉………………………108
（1）地域社会と子どもの生活　108
（2）連携と協働　109

第Ⅱ部　社会的養護の実際

第7章　社会的養護における子ども理解と支援………………115

第1節　子どもの理解からはじまる支援…………………………115
（1）乳児期の子ども　116
（2）幼児期の子ども　117
（3）学童期の子ども　119
（4）青年期の子ども　122
（5）障害のある子ども　124
（6）子ども理解を深めるために　126

第2節　日常生活支援……………………………………………127

第3節　治療的支援………………………………………………128

第4節　自立支援………………………………………………130

第8章　施設養護の生活特性および実際………………………133

第1節　施設養護における生活………………………………………133
　　（1）施設での生活　133
　　（2）児童養護施設の1日の流れ　134
第2節　事例を通して学ぶ施設養護の実際………………………………136
　　（1）お母さんとの約束　136
　　（2）「大きな心の傷」への支援　140
第3節　演習を通して施設養護の理解を深める………………………143
　　（1）実習体験前の演習　144
　　（2）実習体験後の演習　145

第9章　家庭養護の生活特性および実際………………………149

第1節　家庭養護の特徴………………………………………………149
　　（1）家庭養護としての里親制度　149
　　（2）家庭養護の現状　151
第2節　里親制度の実際………………………………………………153
第3節　ファミリーホームの実際……………………………………156
第4節　里親への支援体制……………………………………………158

第10章　支援の計画と記録および自己評価………………161

第1節　アセスメントと自立支援計画………………………………161
　　（1）アセスメントの重要性　161
　　（2）自立支援計画の策定過程とその展開　162
　　（3）ソーシャルワークとアセスメント　163
　　（4）個別支援計画の作成　167

第2節　記録および自己評価 ……………………………………………………168

（1）記録の意義と活用　168

（2）記録の方法と管理　169

（3）ケーススタディとケースカンファレンスの相違と記録　169

（4）リスクマネジメントと記録　170

（5）自己評価と第三者評価　172

第11章　社会的養護に関わる専門的技術 …………………………175

第1節　保育の専門性に関わる知識・技術とその実践 ………………………175

（1）施設保育の目的や理念の理解　175

（2）施設における保育者に求められる専門性の理解　176

（3）保育者が活用する多様な技術　178

（4）施設内外の他職種との連携・協働の必要性　181

第2節　事例を通して学ぶ相談援助の実際 ……………………………………183

（1）相談援助の必要性　183

（2）子どもと保護者を支える　185

（3）これからの生活に向けて　187

第3節　演習を通して学ぶ社会的養護の展望 …………………………………190

（1）保育や相談援助の現状と課題　191

（2）保育者の保育や相談援助に求められる倫理や価値　191

（3）保育者と相談援助に関する展望　192

第12章　社会的養護の今後の課題と展望 …………………………195

第1節　社会的養護における家庭支援 …………………………………………195

（1）家庭支援，家族との連携・協働の重要性　196

（2）親子関係の再構築支援　197

（3）里親委託の推進と里親への支援　199

第2節　子どもたちを支える環境 ………………………………………………200

第3節　社会的養護の課題と展望 ………………………………………………202

目　次

（1）市区町村の子ども家庭支援体制の構築　204

（2）里親への包括的支援体制（フォスタリング機関）　204

（3）永続的解決（パーマネンシー保障）　205

（4）乳幼児の家庭養育原則の徹底，年限を明確にした取組目標　205

（5）自立支援（リービング・ケア，アフター・ケア）　206

（6）担う人材の専門性の向上など　206

第Ⅰ部

社会的養護の原理

第1章

現代社会における社会的養護の意義

・・・

　少子高齢化や経済的格差の拡大，子どもに対する虐待行為やいじめ問題などを原因として，子どもたちの安全が脅かされ，尊い生命が失われるという現実があります。子どもたちが人として尊重され，安心して生活することのできる環境はどうあるべきか，そのためにはどのような取り組みが必要とされるかを考える必要があります。

　本章では「子どもたちが人として尊重され，安心して生活することのできる環境」を実現していくために必要とされる基本的な視点や考え方について学び，「子どもたちの最善の利益」とはどのようなことなのかについて理解を深めましょう。

キーワード▶児童福祉法，児童の権利に関する条約，保育所保育指針，経済的格差，児童の福祉，子どもの最善の利益，新しい社会的養育ビジョン

第1節　子どもの未来を支えるために

(1) 子どもの生活を守る

事例　一恵ちゃんの気持ち

　一恵ちゃん（仮名）は小学校1年生で歌の大好きな女の子です。ある日，一恵ちゃんはクラスのお友達から週末に予定しているお友達の誕生会に招待されました。招待された日に喜んでお友達の家に遊びに行きましたが，しばらくして寂しそうな顔をして戻ってきました。一恵ちゃんの話を聞くと「お友達がお母さんやお父さんと楽しそうにしていた。私にはお父さんもお母さんもいない」と寂しそうに下を向いたまま小さな声でつぶやきました。

　一恵ちゃんは家庭の事情で生まれてすぐに施設に預けられ生活をしてきまし

第Ⅰ部　社会的養護の原理

た。一恵ちゃんはお母さんやお父さんと一緒に生活したことがなかったため、両親と楽しそうに過ごしているお友達の姿が不思議であり、うらやましかったのです。

みなさんはこの事例を読んで一恵ちゃんの気持ちをどう感じたでしょうか？

理由はさまざまですが、一恵ちゃんのように親と一緒に生活する機会が得られなかったり、親の養育放棄や暴力、心ない言葉がけなどによる親の不適切な養育により子どもの心が傷つけられたり、かけがえのない子どもの命が失われてしまうといった報道が後を絶ちません。

子どもたちにとって家庭は何にも代えることのできない大切な環境であるにもかかわらず、なぜこのような事態が頻発するのか、心を痛めている人も多いことと思います。

子どもたちを守ろうとする取り組みは、世界的に進められています。たとえば、国際的な組織として世界の平和や安全の維持などを目的として活動している国際連合を中心とした取り組みとしては、「児童権利宣言」（1959年採択）や「児童の権利に関する条約」（1989年採択：日本では1994年に批准）等があります。また、国際的に取り組まれた「国際家族年」（1994年）の際に強調された理念である「家族と社会全般の双方において、人権、特に子どもの権利、個人の自由、男女平等の促進を支援」することをもとに、子どもたちにとって必要とされる「最善の利益」の実現を目指した取り組みが求められています。

（2）子どもの最善の利益を目指すための取り組み

冒頭で紹介した一恵ちゃんは、お母さんやお父さんと一緒に生活した思い出がありません。そのため、友達の家で目の当たりにした「親子の愛情ある関わりやきずな」が理解できずに寂しい思いをしました。私たちは、一恵ちゃんのようにさまざまな理由で親のもとで共に生活することが困難な環境に置かれ、本来保障されるべき基本的な養育環境を得られない子どもたちが存在している現実を受け止める必要があります。

第1章　現代社会における社会的養護の意義

　2017年に改定された新しい「保育所保育指針」においても，これまで示されていた「保護者に対する支援」の必要性を再確認するとともに，その解説書である「保育所保育指針解説」(2018年)では「養護は保育所保育の基盤であり，保育所保育指針全体にとって重要なものである」として，「保育所における保育は，養護及び教育を一体的に行うことをその特性とするものである」と保育場面における養護の必要性について示しています。

①国際的な取り組み

　子どもたちが安心して生活できる環境の実現を目指す取り組みは，古くからさまざまな形で取り組まれてきましたが，未だ実現しているとは言えません。第一次世界大戦後の1924年9月につくられた国際連盟において，戦争で多くの子どもが命を失ってしまったことの反省として，「人類が児童に対して最善のものを与えるべき義務を負う」と子どもの適切な保護のあり方を定めた「児童の権利に関するジュネーブ宣言」(本書第3章参照)が採択されましたが，まもなく第二次世界大戦が開始され，宣言に示した思いが実現することなく，さらに多くの子どもたちが犠牲者となってしまいました。第二次世界大戦終了後に設立された国際連合において，同じ過ちを二度と繰り返さないようにと願いを込めて1959（昭和34）年11月20日に開催された国際連合の第14回総会で「児童権利宣言」が採択されました。この宣言の第6条には子どもの養育について「児童は家族のもとで養育されるべきである」と次のように示されています。

児童権利宣言（抜粋）

　第6条　児童は，その人格の完全な，かつ，調和した発展のため，愛情と理解とを必要とする。児童は，できるかぎり，その両親の警護と責任の下で，また，いかなる場合においても，愛情と道徳的及び物質的保障とのある環境の下で育てられなければならない。幼児は，例外的な場合を除き，その母から引き離されてはならない。社会及び公の機関は，家庭のない児童及び適当な

第Ⅰ部　社会的養護の原理

> 生活維持の方法のない児童に対して特別の養護を与える義務を有する。子供
> の多い家庭に属する児童については，その援助のため，国その他の機関によ
> る費用の負担が望ましい。

「児童権利宣言」が採択された30年後の1989年に「児童の権利に関する条約」
が国際連合の総会で採択されました（本書第3章参照）。この条約では，子ども
が有する権利について包括的かつ網羅的に規定しています。内容としては，大
きく分け「生きる権利」「守られる権利」「育つ権利」「参加する権利」の4つ
の柱が示されています。参考までに冒頭の第1条から第3条を以下に示してお
きますが，ぜひ一度全文を確認してみてください。

児童の権利に関する条約（抜粋）

第1条
　この条約の適用上，児童とは，18歳未満のすべての者をいう。ただし，当該
児童で，その者に適用される法律によりより早く成年に達したものを除く。

第2条
1　締約国は，その管轄の下にある児童に対し，児童又はその父母若しくは法
　定保護者の人種，皮膚の色，性，言語，宗教，政治的意見その他の意見，国
　民的，種族的若しくは社会的出身，財産，心身障害，出生又は他の地位にか
　かわらず，いかなる差別もなしにこの条約に定める権利を尊重し，及び確保
　する。
2　締約国は，児童がその父母，法定保護者又は家族の構成員の地位，活動，
　表明した意見又は信念によるあらゆる形態の差別又は処罰から保護されるこ
　とを確保するためのすべての適当な措置をとる。

第3条
1　児童に関するすべての措置をとるに当たっては，公的若しくは私的な社会
　福祉施設，裁判所，行政当局又は立法機関のいずれによって行われるもので
　あっても，児童の最善の利益が主として考慮されるものとする。
2　締約国は，児童の父母，法定保護者又は児童について法的に責任を有する

第1章　現代社会における社会的養護の意義

> 他の者の権利及び義務を考慮に入れて，児童の福祉に必要な保護及び養護を
> 確保することを約束し，このため，すべての適当な立法上及び行政上の措置
> をとる。
> 3　締約国は，児童の養護又は保護のための施設，役務の提供及び設備が，特
> に安全及び健康の分野に関し並びにこれらの職員の数及び適格性並びに適正
> な監督に関し権限のある当局の設定した基準に適合することを確保する。

　なお，日本はこの条約を1994年に批准しています。そのため，条約を実現す
るための取り組みが不可欠となります。条約の批准後には度重なる児童福祉法
の改正や児童の権利擁護に関する基本的な考え方が検討され，いくつかの報告
書や指針が示されています。

②日本での取り組み

　2006年6月に発表された「新しい少子化対策について」（少子化社会対策会議
決定）には「子育ては第一義的には家族の責任であるが，子育て家庭を，国，
地方公共団体，企業，地域等，社会全体で支援する」と国の基本的な姿勢が示
されています。

　子どもたちの健やかな成長を願ってつくられたもっとも基本的な法律として
「児童福祉法」があります。また，子どもたちの健やかな成長を願った理念と
して「児童憲章」が定められています。

　児童福祉法は戦後まもなく，孤児たちの保護を目的として制定された法律
（1947年）で，「すべて国民は，児童が心身ともに健やかに生まれ，且つ，育成
されるよう努めなければならない」（第1条第1項）とし，「すべて児童は，ひ
としくその生活を保障され，愛護されなければならない」（第1条第2項）と子
どもは愛護の対象であると考えられてきました。2016年には児童の権利条約を
ふまえ，子どもは権利の主体であることや保護者の役割や国の対応のあり方な
どについて明記するなどの改正が行われました。

7

第Ⅰ部　社会的養護の原理

児童福祉法（抜粋：2016年改正）

第1条　全て児童は，児童の権利に関する条約の精神にのつとり，適切に養育されること，その生活を保障されること，愛され，保護されること，その心身の健やかな成長及び発達並びにその自立が図られることその他の福祉を等しく保障される権利を有する。

第2条　全て国民は，児童が良好な環境において生まれ，かつ，社会のあらゆる分野において，児童の年齢及び発達の程度に応じて，その意見が尊重され，その最善の利益が優先して考慮され，心身ともに健やかに育成されるよう努めなければならない。

②　児童の保護者は，児童を心身ともに健やかに育成することについて第一義的責任を負う。

③　国及び地方公共団体は，児童の保護者とともに，児童を心身ともに健やかに育成する責任を負う。

第3条　前2条に規定するところは，児童の福祉を保障するための原理であり，この原理は，すべて児童に関する法令の施行にあたつて，常に尊重されなければならない。

　一方，児童憲章は，児童の福祉を図るための国民的な約束（規範）として制定されたものです。児童福祉法のような法律ではありませんから，法的な拘束力はありませんが，児童福祉や教育に対して必要とされるさまざまな対策を考えるうえでの原則とされており，憲章の冒頭には「児童は，人として尊ばれる」「児童は，社会の一員として重んぜられる」「児童は，よい環境のなかで育てられる」と児童憲章の目指す3つの大切な約束が示されています。

　児童の権利宣言や児童福祉法の改正などで共通して示されていることは「子どもは両親の保護のもとで愛情に包まれて養育されることが必要である」ということです。

第1章　現代社会における社会的養護の意義

第2節　社会的養護とは

　「社会的養護」とはどのようなことなのかを考える前に「養護」とはどのようなことなのか考えておきたいと思います。新しい保育所保育指針では養護の理念として「保育における養護とは，子どもの生命の保持及び情緒の安定を図るために保育士等が行う援助や関わりであり，保育所における保育は，養護及び教育を一体的に行うことをその特性とするものである」として「保育所における保育全体を通じて，養護に関するねらい及び内容を踏まえた保育が展開されなければならない」と養護に関する基本的な考え方を示しています。

　社会的養護とは，「子どもは本来であれば親のもとで適切な環境が用意され，養育されるべき存在」ですが，そうした環境が保障されない子どもたちに対して，「子どもにとって必要な養育環境を，国の責任において提供するための活動」であると言えます。

　この点について厚生労働省「社会的養護の課題と将来像」(2011年7月)には次のような点が「基本的な考え方」として示されています。社会的養護とはどのようなことかを考える際の大切な視点と言えます。

（1）社会的養護の理念と機能
・社会的養護は，保護者のない児童や，保護者に監護させることが適当でない児童を，公的責任で社会的に養育し，保護するとともに，養育に大きな困難を抱える家庭への支援を行うことである。
・社会的養護は，「子どもの最善の利益のために」という考え方と，「社会全体で子どもを育む」という考え方を理念とし，保護者の適切な養育を受けられない子どもを，社会の公的責任で保護養育し，子どもが心身ともに健康に育つ基本的な権利を保障する。

9

第 I 部　社会的養護の原理

（1）社会的養護の機能

　また，「社会的養護の課題と将来像」では，社会的養護の活動がもつべき基本的な機能として，①「養育機能」，②「心理的ケア等の機能」，③「地域支援等の機能」の3点があげられています。

①「養育機能」

　「養育機能」とは社会的養護のもっとも基本となる部分であり，本来であれば家庭で保障されるべき「基本的生活の保障」であり，「家庭での適切な養育を受けられない子どもを養育する機能であり，社会的養護を必要とするすべての子どもに保障されるべきもの」であるとされています。

②「心理的ケア等の機能」

　「心理的ケア等の機能」は，私たちが人として生活していくうえでもっとも大切な「心の安定と豊かさ」に関する機能で，親などからの虐待行為を受けるなどの「様々な背景の下で，適切な養育が受けられなかったこと等により生じる発達のゆがみや心の傷（心の成長の阻害と心理的不調等）を癒し，回復させ，適切な発達を図る機能」であるとされています。

　子どもたちの養護（養育）活動に関わる保育士をはじめとしたすべての人には，親からの虐待行為だけではなく，理由はともかく親と共に生活することができない子どもたちの受けている心のダメージの大きさに気づき，子どもたちの行動を受け止めることのできる「心の豊かさ」が求められることを心に留めるべきです。

③「地域支援等の機能」

　「地域支援等の機能」は，子どもは「社会の一員」であることを具現化するための機能であり，「親子関係の再構築等の家庭環境の調整」，「地域における子どもの養育と保護者への支援」，「自立支援」，「施設退所後の相談支援（アフターケア）」などの機能などが含まれます。

第1章　現代社会における社会的養護の意義

（2）社会的養護の役割

　社会的養護のもつべき基本的な役割としては次の3点が考えられます。

①もっとも基本となる「生活の場としての」役割

　子どもの成長発達にとってもっとも大切なことは「子どもが安全で安心して暮らすことのできる環境」の提供です。本来ならば，親を中心とする家族という集団のなかで愛着関係を形成しつつ，心身の成長発達，社会性の適切な発達が促されることが必要であり，そうした生活を継続することにより生きていくために必要な意欲や，適切な人間関係の育成や社会性を身につけることが可能となり，自立支援へと導いていくことが可能となります。

　社会的養護の活動は，「生活」という生命を維持するためにもっとも大切な基盤となる取り組みがベースにあり，日々の生活が安全で安心した環境のなかで営まれる必要があります。当然のこととしてこうした活動に携わる者には，子どもの心身の成長や支援に関する学習や支援のための技法を学び，子どもたちに対する養護活動に活用していくことが求められます。

②心の発達に影響を受けた子どもたちへの心の「保護と回復」を目指す役割

　社会的養護の実践の場である「児童養護施設」や「乳児院」などは，養育放棄や児童虐待等の理由により家庭で適切な養育を受けられなかったり，親がいなかったり，または親が育てることが困難であるとして預けられる子どもが多く利用しています。特に，虐待を受けた子どもは身体的な暴力によって生じる障害だけでなく，外観からは窺い知ることが難しい情緒の形成や自己認知・対人認知，性格形成などの面において深刻な心理的ダメージを受けてしまっている場合が多く見られます。

　児童養護施設などで取り組む社会的養護活動には，こうした子どもたちに対して「安心感」をもてる場所で，「大切にされる体験」を提供し，子どもたちに「自信（自己肯定感や主体性）」の回復を目指した支援を行う大切な役割をもっており，児童養護施設では心理治療を担当する職員の配置が義務づけられて

11

第Ⅰ部　社会的養護の原理

います。

　こうした活動を通して，安全で信頼できる「おとなの存在」が認識でき，日常生活のなかで体験を積み重ね，子どものエンパワメントの活用などを通して自身の回復する力を引き出し，虐待による被害の影響を修復していくとともに，親子関係の修正を目指し，自立支援に向けての役割が求められていると言えます。

③「自立支援」へ向けての役割

　子どもを養育するとき，養育者自身の幼少期の体験はきわめて大きな影響があります。虐待をしてしまう親のなかには，親から虐待を受けた経験をもつ（「虐待の世代間連鎖」と言われる）場合が少なくないと言われています。

　社会的養護を利用している子どもたちはいずれ社会で自立した生活をすることが求められます。社会的養護の取り組みのなかで自立支援ということを目標として掲げるならば，こうした世代間の連鎖を断ち切る必要があります。

　社会的養護の活動には子どもが心や身体などに受けたさまざまな傷（痛み）を癒すとともに回復させ，自立へ向けてのスタートを切ることができるよう支援していく役割が求められており，支援を利用した子どもたちが，少しでも生活していきやすい社会環境をつくり出すための役割も求められています。

第3節　社会的養護を必要とする子どもたち

（1）要保護児童の現状

　現在の子どもたちは少子高齢化や経済環境の変化や大人社会の生活環境の変化などに伴い生活時間や遊びには大きな変化が見られます。「社会的養育の推進に向けて（平成31年4月）」によれば，保護者がいなかったり，虐待を受けているなどの家庭環境上の理由で公的な責任により社会的養護を必要とする要保護児童は，2017年は約4万5,000人いると言われています。全国の児童相談所で対応した子どもに関する相談内容の傾向をみると，「養護相談」や「育成相談」が多く見られます（図1-1）。「養護相談」とは，保護者の失踪や死亡，離

第1章 現代社会における社会的養護の意義

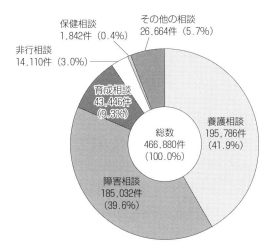

図1-1 児童相談所で受け付けた相談の種類別対応件数（2017年度）
出所：厚生労働省「平成29年度福祉行政報告例の概況」2018年。

婚，服役等による養育困難な子どもや虐待を受けた子どもなどに関することや，養子縁組に関する相談のことで，近年では虐待に伴うさまざまな相談や，長期にわたり要養護状態に置かれている子どもに関する相談が増加しています。また，「育成相談」では子どもの性格や行動に関することや，不登校に関する相談，育児やしつけなどに関する相談が行われます。性格や行動相談は，子どもの人格の発達上問題となる反抗や友達と遊べない，落ち着きがない，内気，緘黙，家庭内暴力，生活習慣の著しい逸脱等に関する相談が行われます。

このような相談がこれほどまで増えているという状況を考えると，子どもが安心して自ら主体的に遊んだり，自らの可能性を開花させ，生きる力の基礎を育成していくことが難しくなってきていることや，子どもが抱えるストレスやいじめ，引きこもり，非行といった心理・行動上の問題を誘発しやすくなっていることが推測されます。

（2）家族形態・家庭環境の変化と子どもたちの生活

　核家族等に伴う家庭内の生活環境の変化や地域における人々の交流が希薄化

13

第 I 部　社会的養護の原理

```
┌─── コラム　「貧困」とは？ ──────────────────────────┐
│
│　　貧困という言葉はよく聞かれる言葉ですが，明確な定義がされているわけで
│　はありません。一般的には「経済的な理由などによって生活が苦しくなり，必
│　要最低限の暮らしを維持することが難しくなった」状態のことをあらわす言葉
│　として使用されます。
│　　貧困は，生命の維持に関わるといわれる「絶対的貧困」と，ある文化圏内で
│　の生活のしづらさを感じると言われる「相対的貧困」に分類されます。どのよ
│　うな状態が貧困なのかを判断する基準は人によってさまざまですが，「相対的
│　貧困」は子どもたちの健全な成長発達に関する教育や保育，多発するいじめや
│　虐待の発生要因となっている場合もあります。
│
└──────────────────────────────────────────┘
```

しています。また，昨今の経済的な不況の影響を受け深刻な貧困や格差といっ
た問題が顕在化しており，長時間労働をせざるを得ない状況にあるなかでも，
特に母親には仕事と家事の両立を求められ，心身共に負担が増大しさまざまな
生活上のストレスを負わざるを得ない状態が見られます。

　社会の変化に伴って，共働きや子どもをもたない夫婦，ひとり親家庭（母子
家庭や父子家庭など），夫婦別姓，離婚，事実婚とさまざまな家庭の形態が見ら
れるようになってきました。また，普通の家庭生活を送っていたとしても，い
つ失業や疾病，事故等に出会うかわかりません。こうした事態に直面したとき，
児童虐待や家庭崩壊等の深刻な現実につながる恐れがあります。

　こうした現状をふまえ，特別な支援を必要とする家庭だけではなく，すべて
の家庭を対象とした福祉面からの支援の必要性が強調されています。社会的養
護という取り組みは，これまでは特別な支援を必要とする子どもを対象として
対策が考えられてきましたが，これからはすべての家庭で生活する子どもを含
めた養護活動への要望が一層高まることが予測されています。

（3）社会的養護を必要とする子どもたち

　社会的養護を必要とする問題は，児童を養育する保護者自身の問題（親の失
業などに伴う貧困や自己破産，離婚，病気，精神的な疾病，家族の介護問題の健在化な

ど）に起因する場合と，子ども自身の抱える問題（身体や知的な障害がある，病弱である，非行傾向など）に起因する場合とがあります。どちらの場合においても，子どもに対する支援だけではなく，並行して家族や家庭への支援を実施していくことが必要となります。

社会的養護を必要とする子どもは「要保護児童」（「要支援児童」と呼ばれることもある）といわれ，①保護者に監護させることが不適当であると認められる児童，②保護者のいない（現に監督保護している者がいない）児童などが対象となります。

①については，以下のような子どもたちが含まれます。

・保護者に虐待されている児童
・保護者のいちじるしい無理解や無関心のために放任されている児童
・保護者の労働または疾病などのために必要な監護を受けることが困難な児童
・知的障害や肢体不自由などの障害があるために保護者の力だけでは十分な監護を受けることが困難なため，専門の児童福祉施設に入所して保護，訓練・治療したほうがよいと認められる児童
・不良行為（犯罪行為含む）をなし，またはなす恐れのある児童
・経済的な理由などにより社会的養護を必要とする児童

②については，以下のような子どもたちが含まれます。

・親が病気や事故などにより死亡するなどして孤児となった児童や保護者に遺棄された児童
・保護者が犯罪を犯し，長期にわたり拘禁されている家庭の児童，家出した児童

第4節　社会的養護の取り組みの基本的な方向

社会的養護の取り組みは児童福祉法や児童権利宣言，児童の権利に関する条約等をふまえ，「子どもたちの最善の利益」の実現を目指し，「個（一人ひとり）

第Ⅰ部　社会的養護の原理

を大切とした養護」の推進や，「個の必要とする養護」の提供を行い，児童福祉施設などを利用し育った子どもたちが「施設で育った」ことや「特別な存在」であることを意識することなく，一人の人間として生きていくために必要な基本的な力（生活力）を身につけることのできるよう「自立した生活を支える養護」の提供などを目指してきました。

　「児童の権利に関する条約」では，国には「子どもたちの保護や養護を主目的とした取り組みだけではなく，社会全体で子どもたちを育てていく」ことを目指す取り組みが求められています。これまでの対応だけでは十分とは言えず，国は，これまで使用してきた「社会的養護」を「社会的養育」という表現に改めるとともに，里親制度の拡充などを中心とした「新たな社会的養育ビジョン」を公表しましたが，今後の国の取り組み動向が注目されています。

（1）「社会的養護の課題と将来像」に見る社会的養護の基本的方向

　社会的養護の目指す基本的な方向について，先に見た「社会的養護の課題と将来像」では，①「家庭的養護の推進」，②「専門的ケアの充実」，③「自立支援の充実」，④「家族支援，地域支援の充実」の4点が示されています。

①家庭的養護の推進

　「家庭的養護の推進」については，「社会的養護は，できる限り家庭的な養育環境の中で，特定の大人との継続的で安定した愛着関係の下で，行われる必要がある」，そのため「原則として，家庭的養護（里親，ファミリーホーム）を優先するとともに，施設養護（児童養護施設，乳児院等）も，できる限り家庭的な養育環境（小規模グループケア，グループホーム）の形態に変えていく必要がある」としています。さらに，「社会的養護が必要な子どもを，養育者の住居で生活をともにし，家庭で家族と同様な養育をする里親やファミリーホームを，家庭的養護と呼ぶ」ことや，「小規模グループケアやグループホームは，施設養護の中で家庭的な養育環境を整えるものであるが，養育者が交代制である点で，家庭的養護とは異なる」ことなどが示されています[*1]。

第1章　現代社会における社会的養護の意義

②専門的ケアの充実

　「専門的ケアの充実」については，「社会的養護を必要とする子どもたちは，愛着形成の課題や心の傷を抱えていることが多い」ことをふまえ「適切な愛着関係に基づき他者に対する基本的信頼を獲得し，安定した人格の形成」や「子どもが心の傷を癒して回復していけるよう，専門的な知識や技術を有する者によるケアや養育が必要である」ことが示されています。子どもたちが「早期の家庭復帰のためには，親子関係の再構築支援など，家庭環境の調整が必要である」ことや，「DV 被害を受けた母子や，地域での自立した生活が困難な母子家庭には，母子生活支援施設による専門的な支援が必要」であり，「体制の整備と支援技術の向上を図っていく必要がある」ことなどが指摘されています。

③自立支援の充実

　「自立支援の充実」では，「社会的養護の下で育った子どもも，他の子どもたちとともに，社会への公平なスタートを切り，自立した社会人として生活できるようにすることが重要である」との前提に立ち，「自己肯定感を育み自分らしく生きる力，他者を尊重し共生していく力，生活スキル，社会的スキルの獲得など，ひとりの人間として生きていく基本的な力を育む養育を行う必要がある」ことや，「施設退所後の相談支援（アフターケア）の充実が必要」であることが示されています。

④家族支援，地域支援の充実

　「家族支援，地域支援の充実」については，「虐待事例のうち親子分離に至らないものについて，虐待防止のための親支援，親子関係への支援，家族支援の充実」の必要性や，施設等での養育の後，「早期の家庭復帰を実現するための親子関係の再構築等の家庭環境の調整や，家庭復帰後の虐待再発防止のための

＊1　国連の「児童の代替的養護に関する指針」（2009年）をふまえ，2012年に厚生労働省は「家庭的養護」と「家庭養護」という用語の整理を行った。今後は，「施設養護」に対する言葉として，里親やファミリーホームには「家庭養護」を用い，施設において家庭的な養育環境を目指す小規模化の取り組みには，「家庭的養護」を用いることとされた。

第 I 部　社会的養護の原理

親支援の充実」や，施設には「地域の里親等を支える地域支援や，ショートステイなどによる地域の子育て支援の機能の充実」，「ソーシャルワーク機能を高め，施設を地域の社会的養護の拠点とし，これらの家族支援，地域支援の充実を図っていくこと」が必要であり，「地域の社会的養護の拠点としての役割を担っていく」必要があることなどが示されています。

（2）「新しい社会的養育ビジョン」に見る社会的養護

2016年の児童福祉法改正では，「子どもが権利の主体であることを明確にし，家庭への養育支援から代替養育までの社会的養育の充実とともに，家庭養育優先の理念を規定し，実親による養育が困難であれば，特別養子縁組による永続的解決（パーマネンシー保障）や里親による養育を推進すること」などが提言されました。

国はこうした理念を具体化するために，2017年に「新しい社会的養育ビジョン」を示し，改革に着手することになりました。新しい社会的養育ビジョンについては後の章で触れますが，「養護」を「養育」に改めたことを始め，「取り組むべき改革項目はすべてが緊密につながっており，一体的かつ全体として改革を進めることが必要」であることを指摘しています。報告書では養育ビジョンに示した内容を実現するために，具体的な改革項目を示し，2017年度から目標年限を目指し計画的に進めることを求めています。今後の社会的養護（養育）の基本的な方向を示すものとなっています。

📖 さらに学びたい人のために

○パールバック，松岡久子（訳）『母よ嘆くなかれ』法政大学出版局，1973年。
　　知的障害の子どもとして生まれた一人娘キャロルを育てるための喜びや苦悩が綴られています。障害のある子どもを育てるのは簡単ではありません。パールバックは「世の親たちよ，恥じることはない！　絶望してはいけません」と述べています。親の気持ちを理解するうえでもぜひお勧めしたい一冊です。なお，2013年に法政大学出版局より，伊藤隆二氏による新訳版が出版されています。

第1章　現代社会における社会的養護の意義

○すずらんの会（編）『電池が切れるまで──子ども病院からのメッセージ』角
　川学芸出版，2006年。

　　この本のタイトルは重い病気を患い，病院での生活を続けている女の子が自
　分の命を電池にたとえて書いた「命」という詩からつけられています。重い病
　気に冒された子どもたちが病気と戦いながら必死に生きている姿が克明に紹介
　されており，命の大切さを知ることのできる一冊です。

○高橋利一『子どもの福祉とこころ──児童養護施設における心理援助』新曜社，
　2002年。

　　社会的養護を必要としている子どもたちを心身ともに支えていくことは容易
　ではありません。本書は，児童養護施設へ入所してきた子どもたちを専門家と
　連携して援助のあり方を模索している姿が示されており，子どもたちの援助の
　あり方を考える際に示唆を与えてくれる一冊です。

［小野澤　昇］

第**2**章

社会的養護の歴史的変遷

• • •

なぜ，社会的養護が必要になったのでしょうか。本章では社会的養護の歴史を学びながら，先人たちがさまざまな社会問題やニーズをどのように受け止め，解決するための方法や手段を見出し，改善していったのかを学び，子どもたちの養護のあり方を学びます。先人たちが行った解決方法や思想には，現代だけではなく将来にも通じる重要なものが数多くあります。こうした方法や思想の一端を学ぶことを通して，将来，新たな問題が出てきたときにどのようにして解決するのか，その視点を養いましょう。

キーワード▶救貧，子どもの人権，児童の労働，児童観，児童の権利，児童福祉施設，新しい社会的養育ビジョン

第1節 イギリスを中心としたヨーロッパにおける歴史的変遷

（1）共同体と子ども

中世のイギリスでは領主は農奴と言われる農民を支配し，農奴が納める年貢によって生活を営んでいました。農奴は領主から貸与された土地を耕作するためにその土地に拘束され，移転の自由はなく，基本的な権利（人権）が尊重されることは稀でしたが，疫病や飢饉になると領主からの保護を受けることもできました。都市部でギルドと呼ばれる共同体が形成され，ギルドのなかでは徒弟制度[*1]がつくられていました。

15～16世紀にかけて戦乱や凶作によって力を失う領主が出て，農奴のなかに

＊1 徒弟制度：子どもが5～6歳になると親方の元に弟子入り（徒弟）して，厳しい職業訓練を受ける代償として衣食住などが保障される制度。

第Ⅰ部　社会的養護の原理

は土地を離れ貧民となり，都市部へ流入する者が増え始めました。しかし，都市部での生活は厳しく，浮浪者や失業者，犯罪者などが多発し，治安や衛生上の問題が発生し，住民の生活に不安を与えました。1531年になってこうした貧民対策のために放浪禁止などを定めた「救貧法」がつくられました。1601年に制定された「エリザベス救貧法」は，これまで教会や地域の住民などの自主的な取り組みに委ねられてきた貧民に対する援助を，国が組織的に救済活動を行うことを示し，貧民の救済が社会福祉事業として取り組まれる契機となるものであったと言えます。救貧法の対象となる貧民のなかには，子どもも含まれており，孤児や棄児あるいは祖父母等からも扶養を受けられない児童が含まれていて，親のいない働ける子どもは，教区の徒弟制度にもとづいて親方のもとで最低限の生活をみてもらいながら無賃で強制的に働かされました。

　働くことのできない幼い子どもは，救貧院と呼ばれる施設に収容されました。この時代の施設は治安を目的とした収容（隔離収容）を目的としていました。この時代，こうした子どもだけを対象とした施設は存在せず，障害のある人たちや老人や病人など，働くことの難しい大人が一緒に収容され，共同生活を行う「混合収容」でした。またそれは施設で国などからの保護を受けて生活をしている人は受けていない人の生活よりも劣るものでなければいけないという「劣等処遇の原則」をもとに行われていました。

（2）産業革命と子どもへの福祉の芽吹き

　1760年代に展開された産業革命では，さまざまな技術開発が行われ，徒弟制度を中心とした生産ではなく，技術開発された設備の整備された工場を中心とした環境での生産方式が導入され，安い賃金で雇われた子どもや女性が労働者として働くようになりました。労働環境は厳しく，多くの失業者の出現や劣悪な環境で子どもたちが働かされるなどの問題が出てきました。1802年，綿や羊毛工場で働く子どもたちの労働条件などを定めた「工場法」が制定され，就業可能な年齢を9歳とし，17歳までの労働時間は12時間までと定め，深夜勤務も禁止しました。少年少女の宿舎の分離や食事の改善も定められました。1833年

22

の改正では，絹糸製造工場を除いたすべての工場で9歳以下の少年の労働を禁止し，18歳未満の年少労働者の労働時間を12時間（週69時間）以内とし，児童の夜間労働を禁止制限するなどの改善が行われました。

（3）子どもの保護

1857年「浮浪児，困窮児，非行児の保護および教育のための，よりよき施策のための法律」が成立し，浮浪児に対する公的支援が始まります。判事は7歳から14歳の浮浪児を，認可職業訓練学園に送ることができました。退園時には，子どもを12か月間適切に養育するよう，両親や保護者に誓約書を提出させていました。両親・保護者が従わないときには，児童を退園させないようにしました。[2]

19世紀末頃から里親制度が広がりをみせましたが，なかには謝礼を受け取ったあと養育を放棄する里親もいました。児童虐待も社会的な問題となり，1883年リバプールで児童虐待防止協会が設立され，1889年には「児童虐待防止及び保護法（Prevention of Cruelty to, and Protection of, Children Act）」が制定されました。こうしたなか，1870年にトーマス・ジョン・バーナード（Bernard, T. J.）が子どもを受け入れるためバーナード・ホームを設立しました。

バーナード・ホームは保証人や利用料を求めないこと，健康診断の状況で施設を決定すること，申し出を拒否しないこととし，小舎制，里親委託を基本としていました。1891年に制定された児童監護法は「バーナード法」とも呼ばれていました。バーナード・ホームには虐待などによって家庭から分離された子どもが入所していました。しかし「我が子を返せ」と，親権を争う裁判が起こされたのです。当時は親権が最優先されていましたが，徐々に子どもを保護するために家庭から分離する必要性が理解されてきました。バーナード法では子どもを保護するために，施設に対し一定の権限を与えました。[3]

＊2 三上邦彦「ドクター・バーナード・ホームの慈善事業による子どものケアに関する研究——創設の背景と設立前史」『岩手県立大学社会福祉学部紀要』第14巻，2012年，49-54頁。

第Ⅰ部　社会的養護の原理

（4）子どもの人権

　1900年，スウェーデンの教育者エレン・ケイ（Ellen Key）が『児童の世紀』を著します。「20世紀は子どもの世紀にならなければいけない」として，ルソー（Rousseau, J. J.）やペスタロッチ（Pestalozzi, J. H.）の思想をふまえながら，新しい子ども観「児童中心主義」として発展させました。

　エレン・ケイは19世紀末から始まったスウェーデンの工業近代化のなかで女性や児童からの労働搾取が激化する姿を見て，労働者全体の賃金低下を招き，家計を助けるためにいっそう女性，児童の労働に頼らなければいけないという悪循環を生み，家庭教育の不在と学校教育を偏重する弊害をもたらしたと分析し，母性尊重や家庭教育の重視，児童の自由で自発的な活動の重視などの必要性を訴えました。著書『児童の世紀』は世界11か国で翻訳され，児童中心主義思想や新教育運動のバイブル的な存在となり，大きな影響を与えました。

　1919年には，イギリスでセーブ・ザ・チルドレン（児童救済基金）が設立されました。エグランタイン・ジェブ（Eglantyne Jebb）と妹のドロシー（Dorothy Buxton）の尽力によるものです。第一次世界大戦後で苦しんだ子どもを救うため「私には11歳以下の敵はいない」をスローガンに，セーブ・ザ・チルドレンの活動を開始しました。敵国の子どもも分け隔てなく支援しましたが，そうした姿勢に厳しい批判もありました。しかし活動が実を結び，徐々に理解者が増えるとともに，第一次世界大戦の最大の犠牲者は子どもだとする認識が広がりました。そして，エグランタインは，1922年の「世界児童憲章」や，1924年の「（児童の権利に関する）ジュネーブ宣言」の草案に加わるなど，セーブ・ザ・チルドレンの活動は広く認められるようになりました。[4]

　しかし一方で，イギリスでは，1944年に里親による栄養不良や身体的暴力によって，里子の子どもが亡くなる事件が発生しました。調査の結果，度重なる

＊3　高松誠「ドクター・バーナードホームにおける子どもの親権をめぐる裁判事例の研究——ハリー・ゴセージケースを手がかりとして」『日本社会福祉学会第60回秋季大会発表論集』2012年，281-282頁。
＊4　金子光一「イギリスの児童福祉領域における国家責任主義への移行過程」『東洋大学社会福祉研究』第2巻，2009年，42-53頁。

制度変更などによって混乱が生じ，国は里親を監督できていなかったことが指摘されました。これを受け1948年に「児童法」が制定され，強制的に親子分離を行う場合には，裁判所の適任者命令か親権の決議が必要になりました。1969年に制定された「児童少年法」では，適任者命令が廃止され，強制的に親子分離などを行う場合には裁判所によるケアや安全確保，指導監督などの命令が必要となりました。なお，2004年に行われた「児童法」の改正では「すべての子どもを対象としたサービス改革プランを作成し，推進すること」が示されました。

第2節　アメリカ合衆国における歴史的変遷

アメリカ合衆国が植民地の時代，一攫千金を夢見て多くの人々がアメリカに渡りました。しかし，夢を摑んだのは一握りだけで，貧富の差が生まれたのです。こうしたなか，孤児を救う過程で，アメリカは家庭的な養護を目指すようになります。

（1）施設から家庭へ

1727年にニューオリンズのウルスラ会修道院のなかに，先住民の襲撃により親を失った子どもを保護する施設が設けられ，1740年にはジョージア州に孤児院が設立されました。子どもの施設はイギリスから独立した後，徐々に増えていきましたが，その多くは大人数を受け入れていたため「孤児収容所」などと呼ばれていました。補助金を目的に長期間・大人数を受け入れる施設もありました。

こうした状況に市民から改善を求める動きが起こり，1853年，宣教師のチャールズ・ローリング・ブレイス（Charles Loring Brace）が貧しい子どもを救おうとニューヨーク児童援助協会を設立しました。[*5]当初は子どもたちへの直接的な支援を行っていましたが，施設の集団生活は子どもの独立心や生活の活力を失わせるものであり，家庭生活や個人的指導によって環境を変えることが必要

第Ⅰ部 社会的養護の原理

であることを指摘し，徐々に子どもを中西部の農家へ送り，里子として委託する活動へと変化しました。農家の労働力不足を補うためのもの，都市から身寄りのない子どもを移動させただけ，などの批判もありましたが，当時の施設養護では個人への十分な関わりが難しいこともあり，1920年代末まで続けられました。

（2）施設養護と家庭的養護・ホスピタリズム

　20世紀になっても貧困や虐待などのため保護を必要とする子どもの数は増大し続けました。こうした子どもたちの施設である孤児院の数は圧倒的に少なくて，1施設あたり数百人規模の入所者が利用する孤児院も多く見られました。

　そのようななか，1909年「第1回児童福祉白亜館会議（子どもに関するホワイトハウス会議）」が開催されました。当時の大統領セオドア・ルーズベルト（Roosevelt, T.）は「家庭は，人類が創造したもっとも高く美しい所産である」という表現を用いて，人が人として生きるうえで，家庭こそがその基盤であることを訴え，「児童は緊急やむを得ない理由がない限り，家庭生活から引き離されてはならない」，「可能な限り家庭的な養育を保障すべきである」と宣言しました。この考え方はアメリカにおける子どもの養護の基本的な考え方となり，家庭での生活が難しい場合には里親委託を優先し，施設は小舎制にする方向性が示され「施設の家庭化」が重視されるようになりました。

　しかし二度の世界大戦の影響を受け孤児や棄児と呼ばれる子どもたちが大量に発生し，こうした子どもたちを含めた対応が求められた施設は混迷の時期を迎えることとなりました。施設は限られた十分な支援を提供するための環境が準備できないなかで多くの子どもを受け入れた結果，施設を利用して生活している子どもたちのなかには，身体面や性格面で特徴的な傾向が見られるようになり，「ホスピタリズム」として大きな社会問題となりました（コラム参照）。

＊5　田中きく代「『孤児列車』にみる19世紀中葉の民間児童福祉の展開について──ニューヨーク児童援助協会による貧窮児童の西方移住政策を中心に」『人文論究』第46巻第3号，1996年，144-158頁。

第**2**章　社会的養護の歴史的変遷

```
┌─── コラム　ホスピタリズム ──────────────────────┐
│                                                                        │
│　　ホスピタリズムとは，施設で育った子どもに共通にして見られる身体的・性  │
│　格的特性のことで，「施設病」とも言われます。乳幼児期より家庭から離れ，  │
│　施設で暮らす子どもには，情緒面，性格面，行動面において施設特有の歪みが  │
│　現れることが論じられました。                                          │
│　　特に1951年，家庭を失った子どもに対する社会的養護のあり方についてイギ  │
│　リスの精神科医ボウルビィ（Bowlby, J.）を委員長とした WHO の調査研究の  │
│　作成したボウルビィ報告 *Maternal Care and Mental Health* (1951) では， │
│　「乳幼児期は母親もしくは母親代わりとなる女性の一貫した養育，温かい人間  │
│　関係が不可欠であり，その関係が欠けている状況（母子剝奪）で，施設などで  │
│　集団生活を送っている者には明らかに心身の発達に遅れや問題が生じていて，  │
│　青年期やおとなになってもその影響は消えない。子どもが家庭での養育が困難  │
│　な場合は養子縁組，里親委託を第一にすべきで，乳幼児の施設養護は避け，年  │
│　長児であってもできるだけ短期間とし，施設規模は小さくかつ小舎制が望まし  │
│　いこと」などが示されました。                                          │
│                                                                        │
└────────────────────────────────────────┘
```

第3節　日本における歴史的変遷

　日本では，長らく「お互い様」の助け合いと仏教の慈善活動が救済の中心であり，公的な救済制度は弱い状況でしたが，明治以降に活発な動きが出てきます。

（1）慈善事業のはじまり──古代から幕末まで

　593（推古元）年，聖徳太子によって四天王寺が現在の大阪府天王寺区に建設されました。四天王寺を建立するにあたって四箇院言われる，敬田院，悲田院，療病院，施薬院の4つが建立されました。寺院としての敬田院，孤児や病者，身寄りのない高齢者のための施設としての機能をもった悲田院，病院としての機能をもった療病院，薬草を栽培し製薬する薬局としての機能をもった施設として施薬院の4つが設けられました。四天王寺は日本における救済制度

27

第Ⅰ部　社会的養護の原理

の起こりであるとともに，仏教的な慈善活動の始まりと言われています。また，718年には戸令という救済制度がつくられました。戸令では父のいない子ども，高齢者，病気の人たちを近親者が支え，近親者がいない場合は近隣の人たちが支えるものと示されています。古代における救済制度は近親者や近隣の人たちが支えることを原則として，支えの得られない人には，寺院や僧侶らが支えていくというものでした。

　江戸時代，貧民政策は各藩が行いましたが，藩主の考えや財政状況によって対応が異なっていました。年貢の基本となる人口を確保するために間引きや堕胎が禁止されていました。[*6]

（2）公的支援と民間慈善施設の設立——明治から第二次世界大戦まで
①民間慈善事業の芽生え

　明治に入ってしばらくの間，貧民政策は幕府の藩を引き継いだ各県が行っていました。1869（明治2）年には貧民を救うために現在の東京都港区に「三田の貧院」が設けられ，現在の大分県では孤児救済のために当時の知事松方正義が「日田養育館」を設置し，1872（明治5）年には，「東京府養育院」が設置されました。東京養育院は，身寄りのない子どもや老人，路上生活者や障害のある人，親が養育できない遺児，非行により感化が必要な子どもなどを救済するために設立された日本で最初の公立施設です。

　また，1871（明治4）年には明治政府より棄児養育米給与方が公布されました。幼い頃に捨てられた15歳までの棄児の養育者に米が支給されました。次いで1874（明治7）年に恤救規則が公布され，貧民政策が国家による公的支援によって実施されることになりました。しかし，その対象者はごく少数に限られていて貧民の救済には至りませんでした。

　1879（明治12）年，仏教各宗派の僧侶たちが協力し「福田会育児院」が設立されました。1883（明治16）年には長野で「善光寺養育院」が設立されるなど，

＊6　吉田久一『新・日本社会事業の歴史』勁草書房，2004年，115頁。

第**2**章　社会的養護の歴史的変遷

┌─────── コラム　岡山孤児院十二則 ───────┐

　「岡山孤児院十二則」は1908（明治41）年2月15日発行の「岡山孤児院新報」
（13号）の「現況（明治41年2月）」のなかで示された，以下の12の規則。
　①家族主義，②委託主義，③托鉢主義，④満腹主義，⑤実行主義，⑥非体罰
主義，⑦宗教主義，⑧密室主義，⑨米洗主義，⑩小学主義，⑪実業主義，⑫旅
行主義
　「原則として専ら孤児教養の事業に従事する」との記載があり，この記載が
もとで「岡山孤児院十二則」と言われるようになりました。

└─────────────────────────────┘

仏教も組織的な慈善活動を本格化させていきました。

②孤児の救済と児童養護施設の設立

　1887（明治20）年，石井十次は，3人の子どもを預かり「岡山孤児院」とし
ての活動を始めました。石井十次は医師を目指していましたが，ルソーの『エ
ミール[*7]の影響を受け孤児の救済を目的として農作業を取り入れた労作教育を
用いて「散在的孤児院」（里親村）の建設を目指しました。

　石井十次は，1906（明治39）年，イギリスのバーナード・ホームを参考に，
家族で生活することを基本として，主婦（保育士）を中心に子ども十数人が一
緒に暮らす小さな家（グループホーム）を次々に建設しました。さらに，子ども
を一般の家庭で育ててもらうことを目指した里親制度に取り組む一方，孤児院
での生活を保障するためにルソーの思想やバーナード・ホームの実践等から学
んだことをもとに，「岡山孤児院十二則」（コラム参照）をまとめました。石井
十次は「乳幼児から殖民（農民）として独立し，家庭をもつまで」を視野にお
いた施設養護の体系化を目指しました。十次の取り組みは，施設養護の処遇技
術向上に先駆的な役割を果たし，「児童養護の父」と呼ばれるようになりまし
た。

───────────────

＊7　ルソー，今野一雄（訳）『エミール（上・中・下）』岩波書店，1962年・1963年・1964年。

29

第Ⅰ部　社会的養護の原理

③不良行為を行う子どもたちへの対応と感化院（感化教育）の設立

　この時代，非行などの不良行為を行う子どもたちを救済することを目的とした取り組みが見られるようになりました。1883（明治16）年には池上雪枝が大阪で，1885（明治18）年には東京で高瀬真卿が，1899（明治32）年には東京巣鴨で留岡幸助が感化院を設立しました。感化院とは，非行を行った少年を入所により更生させることを目指した施設ですが，留岡幸助は感化院は「家庭にして学校」「学校にして家庭」と考え「家庭学校」（現：東京家庭学校）と名付け，家庭的な雰囲気を重視した教育を実践しました。

　不良行為を行った子どもたちはこれまでは監獄則（当時の刑法）によって監獄内に設置された「懲治監」と言われる施設に入れられました。成人と同じ監獄内であったため，更生効果が十分ではなく，教育的処遇を高めることなどを目的として1900（明治33）年「感化法」が制定され，教育や学校関係者を多く配置し，小原國芳の全人教育の考え方を参考にするなど，監獄とは異なる取り組みが行われました。

④障害のある子どもたちへの対応と障害児施設の設立

　この頃には，障害のある子どもたちの生活を支援するための取り組みも芽生えます。石井亮一は，1891（明治24）年に発生した濃尾地震の後，身売りされた女子がいることなどを知り，女子を対象とした「孤女学院」を設立しました。孤女学院に知的に障害のある児童が入所したことをきっかけに研修や研究を重ね，1897年には施設名を「滝乃川学園」に変更して知的障害児のみの受け入れを開始しましたが，当時は知的障害児の福祉や教育に対する法的な整備が不十分であったため，施設の経営には大変な苦労をしました。

　1942（昭和17）年，肢体不自由の子どもの治療や教育を目的として高木憲次

＊8　1933年に感化法が少年教護法と改められ，施設名も感化院から少年教護院に変更された。その後，1947年の児童福祉法の制定時に教護院へと名称が再度変更された。そして，1998年の児童福祉法改正で児童自立支援施設へとさらに名称変更され，現在に至る。

＊9　竹原幸太「武蔵野学院職員の感化教育・少年教護実践史研究──初代院長菊池俊諦を基点として」『教育学研究』第82巻第3号，2015年，402-414頁。

が「整肢療護園」を開園させました。高木は，肢体不自由児は治療に専念すると教育の機会を失い，教育を受ければ治療の機会を失うということに気づき，治療と教育を両立できる「教療所」の必要を主張し，「整肢療護園」を開園させました。

　明治から昭和初期にかけたこの時期は，設立者の子どもに対する強い思いから私立の施設が数多く設置されました。このような流れのなかで，公的支援の整備も進められ，1929（昭和4）年には恤救規則が廃止され，新たに「救護法」が設けられました。貧困で生活困難な65歳以上の老衰者，13歳以下の子ども，妊産婦，母子が救済対象になりました。また，1933（昭和8）年には感化法を全面改正した少年救護法と，児童虐待防止法[*10]が制定されました。しかしこの時期は，自然災害に伴う農作物の不作や不景気などにより，子どもの身売りや殺害，親子心中などが多発した時期でもあります。

　そして第二次世界大戦へと向かいます。

（3）戦争孤児への対応と児童福祉法の制定──第二次世界大戦後

　第二次世界大戦後，家族など身寄りを失い住む場所を失ってしまった「戦争孤児」と言われる子どもたちは大きな社会問題となりました。孤児たちは浮浪を始め，物ごいやゴミ箱をあさる，物を盗むなど，必死で生きるための活動を行いました。1946（昭和21）年，政府は連合国軍総司令部（GHQ）の意向を受け，浮浪する子どもたちを強制的に捕獲し施設へ収容する「狩り込み」を行いました。捕獲された子どもたちは逃げないよう檻を設けた施設や，裸で生活させる施設などもありました。

　1946年，滋賀県に糸賀一雄が児童養護施設と知的障害児施設の機能を併せもった近江学園を設立しました。戦前から障害児の支援を行ってきた糸賀は，子

＊10　**児童虐待防止法**：母子心中や子殺し，児童身売りなどが頻発したことを背景に制定された。14歳未満の児童を，親権者または雇用者が曲芸や物ごいなどに使用することを制限または禁止することなどが規定されていた。戦後，児童福祉法の制定によってこの法律は廃止された。現在の「児童虐待防止法（正式名称：児童虐待の防止等に関する法律）」とは別の法律。

第Ⅰ部　社会的養護の原理

どもたち自身が輝く素材であり，この素材をさらに輝かそうと「この子らを世の光に」と訴えました。

　1947（昭和22）年に児童福祉法が制定され，児童福祉施設として助産施設，乳児院，母子寮，保育所，児童厚生施設，養護施設，精神薄弱児施設，療育施設，教護院が規定され，児童福祉施設は法的根拠をもつようになりました。また，1948（昭和23）年には厚生省事務次官通知として「里親家庭養育運営要綱」が出されました。

　1961（昭和36）年には児童福祉法が改正され児童福祉施設として，新たに情緒障害児短期治療施設が規定されました。

　1973（昭和48）年には望まない妊娠により生まれた子を養親に実子としてあっせんしたことを自ら告白した菊田医師事件等を契機に，子の福祉を積極的に確保する観点から，戸籍の記載が実子とほぼ同様の縁組形式をとるものとして，1987年（昭和62）に特別養子縁組制度が設けられました。

（4）児童の権利と支援体制の整備

　欧米の里親委託優先や，施設養護における小舎制の意義は，日本においても紹介されましたが，終戦直後から続いてきた「大舎制による施設養護」に変化はありませんでした。国際連合で児童権利宣言（1959年）や「児童の権利に関する条約」（1989年）（本書第1章および第3章参照）が採択されました。国際連合で「児童の権利に関する条約」が採択されたときに，日本では国内の法律やさまざまな制度に多くの不備があったため，児童福祉法などをはじめ多くの法律等の改正を行い，1994年に批准しました。

　児童福祉法の改正に伴い，1997年には，養護施設と虚弱児施設が統合され児童養護施設に，母子寮は母子生活支援施設に，教護院は児童自立支援施設に，翌年には精神薄弱児施設が知的障害児施設へ名称変更されるなどの変更が行われました。

　2000年には地域小規模児童養護施設（グループホーム）が設けられました。2002年には里親制度が改正され，新たに専門里親，親族里親が創設され，里親

第**2**章　社会的養護の歴史的変遷

を支援するために研修事業や養育相談事業，一時的休息のための援助（レスパイトケア）などの取り組みが導入されました。

　2003年，社会保障審議会「社会的養護のあり方に関する専門委員会」により児童養護施設等の量的拡充と質的向上などについて検討と改善を求める内容の報告書が示されました。2004年には小規模グループケアが，2009年には小規模住居型児童養育事業（ファミリーホーム）が実施されました。里親制度も改正され，里親支援事業と里親委託推進事業を統合し，里親支援のための機関が置かれるようになりました。また，児童福祉法等の改正に伴い，これまで障害児を対象とした施設は障害児入所施設と児童発達支援センターに整理統合されました。2016年には，情緒障害児短期治療施設が児童心理治療施設に名称変更されました。

第4節　社会的養護に求められるこれからの方向性

（1）社会的養護の変化

　1997年に行われた児童福祉法改正では，社会福祉基礎構造改革を先取りするように相談支援体制の強化，保護から「自立支援」への転換が行われました。その一方で児童への不適切な関わりが明らかになり，同1997年に「児童養護施設等における適切な処遇の確保について」，翌1998年には「懲戒に係る権限の濫用禁止について」が相次いで発出されました。家庭で適切な養育を受けることができないために施設に入所した子どもたちが，施設でも適切な養護を受けることができない状況が明るみになったのです。また，退所後にさまざまな問題を抱え，生活を行うことができなくなる子どももいました。2003年の児童福祉法改正では，アフターケアが導入され，退所後も支援を行うことが可能になりました。こうしたなか，2011年に「社会的養護の課題と将来像」が示されました。施設の小規模化，里親など家庭的養護の推進，虐待や DV を受けた子どもや母親に対する専門的ケアの充実，施設運営の質と職員の専門性の向上，親子関係の再構築支援，自立支援，子どもの権利擁護など，課題とそれに応じ

33

第Ⅰ部　社会的養護の原理

た対策が示され，社会的養護が新たな一歩を踏み出しました。

（2）新しい社会的養育

　2016年の児童福祉法改正では，制定以来初めて，第1条から第3条までの条文が全面的に改正されました（本書第1章参照）。子どもが権利の主体であることを明記したほか，家庭養育の優先，社会的養育の充実，実親が養育困難な場合には特別養子縁組による永続的解決（パーマネンシー保障）や里親による養育推進などが示されました。これらを受け，2017年には「新しい社会的養育ビジョン」が示されました。新しい社会的養育ビジョンでは市区町村を中心とした支援体制の構築，児童相談所の機能強化と一時保護の改革，「家庭と同様の養育環境」の徹底，施設養育の小規模化・地域分散化・高機能化，永続的解決（パーマネンシー保障）の徹底，自立支援の徹底がポイントとして示され，目標年限と具体的な工程が示されており，今後の取り組みが注視されます。

📖 さらに学びたい人のために

○津崎哲雄『英国の社会的養護の歴史──子どもの最善の利益を保障する理念・施策の現代化のために』明石書店，2013年。

　　イギリスの社会的養護が歩んできた道を丁寧に解説しています。各章には「本章を読むために」として，各章で知ってほしいポイントについての説明が設けられており，参考になります。

○糸賀一雄『福祉の思想』NHK出版，1968年。

　　障害者福祉だけではなく，広く社会的養護，社会福祉につながる糸賀一雄の思いが示されています。糸賀が著した50年前と現代，何が変わり，何が変わらなかったのか，注目しながら読んでもらえればと思います。

［野島正剛］

第**2**章　社会的養護の歴史的変遷

社会的養護に関する主な年譜

年	代	児童福祉関連の動き		年	その他，主な社会の動き
593	推古元	聖徳太子が四天王寺を建立する			
1555	弘治元	アルメイダ来日 大分に育児院 開設		1601	(イギリス)「エリザベス救貧法」制定
1687	貞享4	捨子養育の制 設置		1732	享保の大飢饉
1767	明和4	農民の嬰児圧殺の禁止 制定		1783	天明の大飢饉
1802	享和2	江戸町会所 七分積金による窮民救助開始		1833	天保の大飢饉
1868	明治元	堕胎禁止令 制定			
1869	同2	松方正義近代日本最初の孤児院 日田養育館 設立			
1871	同4	棄児養育米給与方 制定		1870	(イギリス)バーナードホーム 設立
1872	同5	人身売買禁止令 制定			
		東京府養育院 設立			
1874	同7	恤救規則			
1883	同16	池上雪枝 不良児童を収容保護		1884	デフレ政策による不景気
1885	同18	高瀬真卿 東京感化院 設立			
1887	同20	石井十次 岡山孤児院 設立			
1890	同23	赤沢鍾美 託児施設 開設			
1891	同24	石井亮一 孤女学院 開設（のちに滝乃川学園）			
1897	同30	片山潜 キングスレー館 設立			
1899	同32	留岡幸助 東京家庭学校 設立			
1900	同33	感化法 制定		1908	(イギリス)初めての「児童法」制定
		野口幽香，森島美根によって 二葉幼稚園（後の二葉保育園）設立		1909	(アメリカ)第1回児童福祉ホワイトハウス会議（児童福祉白亜館会議）開催
1922	大11	少年法 制定		1914	第一次世界大戦はじまる
		矯正院法 制定		1920	国際連盟 発足
1929	昭4	救護法 公布		1924	児童の権利に関するジュネーブ宣言 国際連盟採択
1933	同8	児童虐待防止法 制定		1929	世界大恐慌はじまる
		少年救護法 制定		1931	満州事変
1937	同12	母子保護法 制定		1935	(アメリカ)「社会保障法」制定
1938	同13	社会事業法 制定		1937	日中戦争はじまる
		三木安正 愛育研究所特別保育室 設置			
1942	同17	妊産婦手帳規定の設置			
		高木憲次 整肢療護園 設立		1942	(イギリス)「ベヴァリッジ報告」公表
1946	同21	日本国憲法 公布		1945	第二次世界大戦終結
		生活保護法(旧) 公布			国際連合（以下，国連）発足
		「浮浪児その他の児童保護等の応急措置実施に関する件」通達			
		糸賀一雄 近江学園 設立			
1947	同22	児童福祉法 公布			
1948	同23	国立光明寮（失明者更生施設）設立		1948	世界人権宣言 国連で採択
		「保育要領」(文部省) 公表			
		沢田美喜 エリザベス・サンダースホーム（混血児保護施設）設立			
1949	同24	身体障害者福祉法 公布			
1950	同25	生活保護法(新) 公布		1950	ホスピタリズム論争はじまる
1951	同26	児童憲章 制定			
		社会福祉事業法 公布（現「社会福祉法」）		1959	児童権利宣言 国連で採択
1960	同35	精神薄弱者福祉法(現 知的障害者福祉法) 公布			

35

第Ⅰ部　社会的養護の原理

1963	同38	老人福祉法 公布			
1965	同40	厚生省「保育所保育指針」通達			
		母子保健法 公布		1971	精神薄弱者の権利宣言 国連で採択
1970	同45	心身障害者対策基本法 公布		1975	障害者の権利宣言 国連で採択
1987	同62	社会福祉士及び介護福祉士法 公布		1981	国際障害者年
1990	平成2	「児童相談所運営指針」公表		1989	児童の権利に関する条約 国連で採択
1991	同3	「保育所保育指針」改訂		1990	ADA（障害をもつアメリカ国民法）公布
		育児休業に関する法律 公布			
1994	同6	エンゼルプラン「今後の子育て支援のための施策の基本方向について」作成		1994	国際家族年
1995	同7	障害者プラン「ノーマライゼーション7か年戦略」策定			
1997	同9	児童福祉法等の一部を改正する法律 公布			
1999	同11	「保育所保育指針」改定			
		保母から保育士へ呼称変更			
2000	同12	児童虐待の防止等に関する法律 公布			
2001	同13	配偶者からの暴力の防止及び被害者の保護に関する法律 公布			
2002	同14	里親が行う養育に関する最低基準 公表			
2003	同15	少子化対策基本法 公布			
		保育士資格の法定化（国家資格化）			
		次世代育成支援対策推進法 公布			
2004	同16	発達障害者支援法 公布			
2005	同17	障害者自立支援法 公布			
2006	同18	就学前の子供に関する教育・保育等の総合的な提供の推進に関する法律 公布		2006	障害者権利条約 国連で採択
2007	同19	社会的養護体制の充実を図るための方策について			
2008	同20	保育所保育指針（告示化される）			
		児童虐待の防止等に関する法律施行規則 公布		2009	児童の代替的養護に関する指針 国連で採択
2011	同23	「社会的養護の課題と将来像」公表			
		障害者虐待の防止，障害者の養護者に対する支援等に関する法律 公布			
		民法改正「親権停止制度（制限付き）」の創設			
2012	同24	社会的養護関係施設に第三者評価の受審及び結果の公表義務化			
		子ども・子育て支援法 公布			
		障害者の日常生活及び社会生活を総合的に支援するための法律（障害者総合支援法）公布			
		「社会的養護施設運営指針及び里親及びファミリーホーム養育指針について」通知			
2013	同25	子どもの貧困対策の推進に関する法律 公布			
		障害を理由とする差別の解消の推進に関する法律 公布			
2014	同26	障害者の権利に関する条約(略称：障害者権利条約）批准			
2016	同28	民間あっせん機関による養子縁組のあっせんに係る児童の保護等に関する法律 公布			
2017	同29	「新しい社会的養育ビジョン」公表			
		幼保連携型認定こども園教育・保育要領 改訂			
		保育所保育指針 改定			

出所：小野澤昇・田中利則・大塚良一（編著）『子どもの生活を支える　社会的養護』ミネルヴァ書房，2011年などを参考に作成。

第3章

社会的養護の基本

　近年，子どもの貧困や児童虐待等により「社会的養護」を必要とする子どもたちが増えており社会問題となっています。国や各地方自治体も新たな支援策を講じており，同時に国民の理解や支援も深まってきています。

　1989年には国連総会で「児童の権利に関する条約」が採択され，子どもの人権を守ろうという考え方が世界の国々に広まりました。日本も1994年に批准しています。

　子どもには人権があるのか，子どもはなぜ守られなければならない存在なのか，私たちの社会にとって子どもはどのような存在なのか，子どもの歴史や子どもの権利条約の意味を考えながら，子どもの最善の利益をどのように実践していけばいいのか考えてみましょう。またそこから，社会的養護の基本原理や保育士としての責務と倫理についても考えていきましょう。

キーワード▶子どもの人権，児童の権利に関する条約，子どもの権利ノート，権利擁護，保育士の倫理

第1節　子どもの人権擁護と社会的養護

　保護者の不適切な養育により，社会的養護を必要とする子どもたちが数多く存在していることはすでに本書第1章で述べられていますが，ここではまず子どもの人権について考えてみましょう。

　「人権」とは，人間が当然にもっている権利と考えられています。一般的には大人の人権について論議されますが，「子ども」の「人権」とは，どのようなものなのでしょうか。

　アリエス（Aries, P.）は，ヨーロッパでは中世から17世紀までは大人と子どもの区分はなく，いわば小さい大人と考えられていたと述べています[*1]。その後

第Ⅰ部　社会的養護の原理

18世紀になってフランスの哲学者ルソー（Rousseau, J. J.）は「子どもは大人と違う存在として認めるべき」と提唱しました。つまり，子どもも一人の人間として権利の主体であるというものです。この頃から，子どもを大人から分離し，保護しようとする姿勢が市民社会のなかで芽生えてきたのです。

　日本では，1887（明治20）年「岡山孤児院」を創設した石井十次は，ルソーの『エミール』をモデルに孤児の保護と教育に取り組み，「非体罰主義」「秘密主義」などの考え方をもとに，施設運営を行っています（本章第2章参照）。しかし，一部の先進的な実践にとどまっており，社会全体のなかで子どもの人権擁護の提唱がなされたわけではありません。では，子どもの人権はどのような歴史的な変化を経て現在に至ったのか，振り返ってみましょう。

（1）児童の権利に関するジュネーブ宣言

　世界的に子どもの人権について取り組む契機となったのは，1924年9月に，国際連盟総会によって採択された「児童の権利に関するジュネーブ宣言」です。この宣言は，1914年7月から1918年11月にかけて繰り広げられた第一次世界大戦で多くの子どもが犠牲になったことに対する反省のもとに行われ，「人類は児童に対して最善の努力を尽くさねばならぬ義務があることを認め」，次の5項目を保障すべき事項としてあげています[2]。

児童の権利に関するジュネーブ宣言5項目

1　児童は，身体的ならびに精神的の両面における正常な発達に必要な諸手段を与えられなければならない。
2　飢えた児童は食物を与えられなければならない。病気の児童は看病されなければならない。発達の遅れている児童は援助されなければならない。非行

＊1　フィリップ・アリエス，杉山光信・杉山恵美子（訳）『〈子供〉の誕生——アンシャン・レジーム期の子供と家族生活』みすず書房，1980年。
＊2　永井憲一・寺脇隆夫（編）『解説　子どもの権利条約（第2版）』日本評論社，1994年，176頁。

を犯した児童は更生させられなければならない。孤児および浮浪児は住居を
　与えられ，かつ，援助されなければならない。
3　児童は，危難の際には，最初に救済を受ける者でなければならない。
4　児童は，生計を立て得る地位におかれ，かつ，あらゆる形態の搾取から保
　護されなければならない。
5　児童は，その才能が人類同胞への奉仕のために捧げられるべきである，と
　いう自覚のもとで育成されなければならない。

　この宣言で，ようやく児童搾取や労働から保護しようという考えが芽生えて
きます。人権尊重までには届かないものの，児童は将来の社会を担う存在であ
り，保護されなければならないとして，社会に対し義務を負わせたことは一歩
前進したといえるでしょう。

（2）児童権利宣言

　第一次世界大戦後の反省もむなしく，またも「戦争」は罪のない多くの子ど
もたちの命や財産，さらに，子どもたちの家庭や家族の命までも奪いました。
1939年に勃発した第二次世界大戦でも，多くの児童が戦争の巻き添えにより犠
牲になりました。このことから，1959年，第14回国連総会で「児童権利宣言」
が採択されました。
　前文では「同宣言に掲げるすべての権利と自由とを享有する権利を有する」
とし，さらに，「人類は，児童に対し，最善のものを与える義務を負うもので
ある」としました。また，第9条では「児童は，あらゆる放任，虐待及び搾取
から保護されなければならない」として虐待からの保護を明記しています。
　このように「戦争」という悲惨な出来事から，世界各国の子どもに対する考
え方や政策への取り組みが少しずつ前進し，子どもを擁護しなければならない
という考えから，子どもの権利に関する要請がなされるようになりました。

（3）児童の権利に関する条約

　1989年には，国連総会において「児童の権利に関する条約」が採択され，

第Ⅰ部　社会的養護の原理

1990年に発効しています。日本は1994年に批准しました。内容は，子どもの基本的人権を国家的に保障するために定められた条約であり，18歳未満を「児童」と定義し，子どもの権利の尊重と確保の観点から必要となる具体的な事項について規定したものです。子どもの権利として，大きく分けて以下の4つを守るように定めています。[*3]

児童の権利に関する条約の4つの柱

1　生きる権利

　子どもたちは健康に生まれ，安全な水や十分な栄養を得て，健やかに成長する権利を持っています。

2　守られる権利

　子どもたちは，あらゆる種類の差別や虐待，搾取から守られなければなりません。紛争下の子ども，障害をもつ子ども，少数民族の子どもなどは特別に守られる権利を持っています。

3　育つ権利

　子どもたちは教育を受ける権利を持っています。また，休んだり遊んだりすること，様々な情報を得，自分の考えや信じることが守られることも，自分らしく成長するためにとても重要です。

4　参加する権利

　子どもたちは，自分に関係のある事柄について自由に意見を表したり，集まってグループを作ったり，活動することができます。そのときには，家族や地域社会の一員としてルールを守って行動する義務があります。

　この条約が採択されたことにより「子どもの保護」から「子どもの権利」が明確になってきました。これは消極的な「子どもの保護」から積極的な「子どもの権利主張」を擁護する取り組みと考えることができます。

＊3　ユニセフのウェブサイト内，「子どもの権利条約」(https://www.unicef.or.jp/sp/about_right/) より。なお，条約の名称について，公式（日本の外務省訳）には「児童の権利に関する条約」とされているが，ユニセフ訳では「子どもの権利条約」と表記されている。

（4）日本の児童福祉政策

　日本では第二次世界大戦後の1947年に児童福祉法が制定され，翌1948年1月に施行されました。児童福祉法は福祉六法[*4]のなかではもっとも早く施行されています。

　この法は子どもの福祉に関する基本法と言えるものです。その第1条で「全て児童は，児童の権利に関する条約の精神にのっとり，適切に養育されること，その生活を保障されること，愛され，保護されること，その心身の健やかな成長及び発達並びにその自立が図られることその他の福祉を等しく保障される権利を有する」と，国民に努力義務が課せられています。

　また，第2条第3項で，国や地方公共団体に対する責務として，「国及び地方公共団体は，児童の保護者とともに，児童を心身ともに健やかに育成する責任を負う」と公的責任が明示されています。

　さらに，第4条において「児童」とは「満18歳に満たない者」と定義し，「児童」を次の3つに区分しています。

　・乳児（満1歳に満たない者）

　・幼児（満1歳から，小学校就学の始期に達するまでの者）

　・少年（小学校就学の始期から，満18歳に達するまでの者）

　また，児童福祉法が定める「児童福祉施設」としては，第7条において「助産施設，乳児院，母子生活支援施設，保育所，幼保連携型認定こども園，児童厚生施設，児童養護施設，障害児入所施設，児童発達支援センター，児童心理治療施設，児童自立支援施設及び児童家庭支援センター」の12施設としています（施設の概要については本書第4章，第5章参照）。

　また，児童に関する相談機関として，第12条で「都道府県は，児童相談所を設置しなければならない」と定めており，児童相談所の設置を義務付けています。

＊4　**福祉六法**：生活保護法，児童福祉法，母子及び父子並びに寡婦福祉法，老人福祉法，身体障害者福祉法，知的障害者福祉法の総称。

第Ⅰ部　社会的養護の原理

（5）子どもの権利ノート

　わが国は，「児童の権利に関する条約」を1994年に批准し，その実現に向けて法整備も含め，行政や福祉現場においてもさまざまな取り組みを進めていくことになりました。

　1990年代初頭になるとカナダ・オンタリオ州の「子どもの権利・義務ハンドブック」が翻訳紹介されたのをきっかけに，子どもの権利ノートに関する関心が高まりました。[5]

　そして，大阪府は1995年，全国で初めて「大阪府子ども総合ビジョン」を策定し，児童養護施設や児童自立支援施設で生活する子どもたち自身の権利擁護の意識向上を図るための「子どもの権利ノート」を発行しました。この「権利ノート」は，カナダ・オンタリオ州の「子どもの権利・義務ハンドブック」を基礎にしています。子どもたちが施設で生活するうえでの"権利と責任"をわかりやすく14項目に整理し，さらに，権利が守られないときや困ったときの相談先を記載しています。特徴として，作成過程では弁護士や児童福祉の研究者のみならず，施設で生活している子ども自身からも意見を聴取したことです。実際に入所児童に配布するまでには，児童福祉施設と子ども家庭センター双方の職員研修の実施，子どもに説明するためのマニュアルの作成，入所から退所までの援助プログラムの検討など，現場でかなりの時間と労力を費やしたということです。[6]

　また，国連での「児童の権利に関する条約」を受け，地方自治体として神奈川県川崎市は全国でもっとも早く「川崎市子どもの権利に関する条例」を作成しています。2000年に公布され，翌2001年4月に施行されました。条例の特徴は，①子どもの権利の保障を総合的にとらえ，権利の保障を実効性のあるものにするため具体的な制度や仕組みを盛り込んだ構成（市の責務），②制定時に住民参加，子どもたちの意見を反映，③権利侵害に関わる子どもたちの相談，救

＊5　長谷川眞人（編著）『子どもの権利ノート──子どもの権利擁護の現状と課題』三学出版，2005年。
＊6　永井憲一（監修）『自治体でとりくむ子どもの権利条約』明石書店，1997年，33-34頁。

済規定を本則に位置づけています。[7]

　その後，各都道府県はこの「児童の権利に関する条約」を確実に実行するため社会的養護が必要な子どもたち向けに，「子どもの権利ノート」を作成するようになりました。対象となったのは児童養護施設や児童自立支援施設に入所する子どもたちです。

　このように，子どもの権利を守る取り組みが全国的に展開されていった一方で，千葉県船橋市の児童養護施設「恩寵園」[8]や，神奈川県鎌倉市の「鎌倉保育園」[9]などの施設内虐待が発覚しました。

（6）子どもの最善の利益

　「児童の権利に関する条約」の第3条に「児童に関するすべての措置をとるに当たっては，公的若しくは私的な社会福祉施設，裁判所，行政当局又は立法機関のいずれによって行われるものであっても，児童の最善の利益が主として考慮されるものとする」と規定されています。

　従来，施設入所に当たっては，子どもの意見や意思に関しては，ほとんど尊重されない状況で行われてきました。そこには，子どもの意思決定能力の欠如という認識と，パターナリズム（父権主義）が内在していました。子どもの「最善の利益」＝「福祉」が最優先されるとは，家族や家庭のなかでその子自身の意見や意思を尊重した支援を組み立てることです。児童養護施設へ入所した事例から「子どもの最善の利益」について考えてみましょう。[10]

＊7　荒牧重人・喜多明人・半田勝久（編）『解説子ども条例』三省堂，2012年，52頁。
＊8　**恩寵園事件**：千葉県船橋市の児童養護施設「恩寵園」の園長が，入所児童に対し日常的に虐待を行っていた。1995年に児童相談所への匿名の告発にて発覚。
＊9　**鎌倉保育園事件**：神奈川県鎌倉市の児童養護施設「鎌倉保育園」の園長らが，入所児童に対し日常的に虐待を行っていた。1998年に東京都の「子どもの権利擁護委員会」から神奈川県「子ども人権審査委員会」への通報によって発覚。
＊10　小野澤昇・田中利則・大塚良一（編著）『子どもの生活を支える　社会的養護』ミネルヴァ書房，2013年，82頁を参考。

第Ⅰ部　社会的養護の原理

> **事例　施設への入所措置と子どもの最善の利益**
>
> 　職員の吉野さん（仮名）は，小学２年生になる智也くん（仮名）のことが気になっていた。ある日の夕方，宿題を見ていたところ「お母さんの所へ行きたい」と訴えてきた。話を聞くと２週間後に授業参観が予定されており，参観日にはお母さんが来るという友達が多かったという。智也くんの両親は智也くんが４歳のときに離婚し，その後は母子でアパート生活をしていた。しかし，お母さんが体調を崩し入院することになり，智也くんは小学１年のときに児童養護施設入所となった。その後，母親は入退院を繰り返しており，母親への面会はこれまでに２回しか行われていない。

　智也くんの児童養護施設入所措置については，やむを得ない判断といえるでしょう。智也くんの願いは母親と一緒に住むことですが，この願い（子どもの最善の利益）を叶えるには，母親の病状，退院後の生活基盤等のさまざまな事柄をクリアしていくことが必要となります。子どもの最善の利益を保障していくためには，いま目の前にある課題等への対応だけでなく，関連するさまざまなことに対する地道な積み重ねが必要といえるでしょう。

第２節　社会的養護の基本原理

　社会的養護とは，「保護者の適切な養育を受けられない子どもを，公的責任で社会的に保護・養育するとともに，養育に困難を抱える家庭への支援を行うもの」です。公的責任で社会的養護の支援を行うときには，「子どもの最善の利益」と「すべての子どもを社会全体で育む」ことを基本理念としています。

　第１章では，社会的養護の機能と役割について「社会的養護の課題と将来像」（2011年）をもとに見ました。この「社会的養護の課題と将来像」において，施設運営等の質の向上を図るため，施設種別ごとに運営理念等を示す「指針」を作成することが示され，翌年に各施設の運営指針が公表されました。

　そして各運営指針では，社会的養護の基本原理として次の６つを提示してい

第**3**章　社会的養護の基本

ます。それは，①家庭的養護と個別化，②発達の保障と自立支援，③回復を目指した支援，④家族との連携・協働，⑤継続的支援と連携アプローチ　⑥ライフサイクルを見通した支援です。

　ここでは，これら6つの原理うち「家庭的養護と個別化」，「発達の保障と自立支援」，「継続的支援と連携アプローチ」についてみてみましょう。^{*11}

（1）家庭的養護と個別化

　社会的養護に関する支援施設等の運営指針において，「家庭的養護と個別化」について，次のように書かれています。

・すべての子どもは，適切な養育環境で，安心して自分をゆだねられる養育者によって，一人一人の個別的な状況が十分に考慮されながら，養育されるべきである。

・一人一人の子どもが愛され大切にされていると感じることができ，子どもの育ちが守られ，将来に希望が持てる生活の保障が必要である。

・社会的養護を必要とする子どもたちに「あたりまえの生活」を保障していくことが重要であり，社会的養護を地域から切り離して行ったり，子どもの生活の場を大規模な施設養護としてしまうのではなく，できるだけ家庭あるいは家庭的な環境で養育する「家庭的養護」と，個々の子どもの育みを丁寧にきめ細かく進めていく「個別化」が必要である。

　ここでは，子どもたちに「あたりまえの生活」を保障するために，「家庭的養護」と「個別化」が必要とあります。つまり，里親及びファミリーホームや，小規模グループケアや地域小規模児童養護施設などをより充実させることの必要性を示しています。

＊11　各指針については，厚生労働省のウェブサイト内，「社会的養護」（https://www.mhlw.go.jp/
　　stf/seisakunitsuite/bunya/kodomo/kodomo_kosodate/syakaiteki_yougo/index.html）から閲覧
　　できるので，他の基本原理については，各指針を参照のこと。

第Ⅰ部　社会的養護の原理

（2）発達の保障と自立支援

次に，「発達の保障と自立支援」については，次のように書かれています。

・子ども期のすべては，その年齢に応じた発達の課題を持ち，その後の成人期
　の人生に向けた準備の期間でもある。社会的養護は，未来の人生を作り出す
　基礎となるよう，子ども期の健全な心身の発達の保障を目指して行われる。
・特に，人生の基礎となる乳幼児期では，愛着関係や基本的な信頼関係の形成
　が重要である。子どもは，愛着関係や基本的な信頼関係を基盤にして，自分
　や他者の存在を受け入れていくことができるようになる。自立に向けた生き
　る力の獲得も，健やかな身体的，精神的及び社会的発達も，こうした基盤が
　あって可能となる。
・子どもの自立や自己実現を目指して，子どもの主体的な活動を大切にすると
　ともに，様々な生活体験などを通して，自立した社会生活に必要な基礎的な
　力を形成していくことが必要である。

　ここで，乳幼児期では，愛着関係や基本的な信頼関係の形成が重要であると
し，健やかな身体的，精神的及び社会的発達もこうした基盤があって可能とな
ると指摘しています。このためにも，先にあげた「家庭的養護」と「個別化」
は重要になってくるでしょう。

（3）継続的支援と連携アプローチ

「継続的支援と連携アプローチ」については，次のように書かれています。

・社会的養護は，その始まりからアフターケアまでの継続した支援と，できる
　限り特定の養育者による一貫性のある養育が望まれる。
・児童相談所等の行政機関，各種の施設，里親等の様々な社会的養護の担い手
　が，それぞれの専門性を発揮しながら，巧みに連携し合って，一人一人の子
　どもの社会的自立や親子の支援を目指していく社会的養護の連携アプローチ
　が求められる。
・社会的養護の担い手は，同時に複数で連携して支援に取り組んだり，支援を
　引き継いだり，あるいは元の支援主体が後々までかかわりを持つなど，それ

第**3**章　社会的養護の基本

ぞれの機能を有効に補い合い，重層的な連携を強化することによって，支援
の一貫性・継続性・連続性というトータルなプロセスを確保していくことが
求められる。
・社会的養護における養育は，「人とのかかわりをもとにした営み」である。
子どもが歩んできた過去と現在，そして将来をより良くつなぐために，一人
一人の子どもに用意される社会的養護の過程は，「つながりのある道すじ」
として子ども自身にも理解されるようなものであることが必要である。

　ここでは，「社会的養護は，その始まりからアフターケアまでの継続した支
援と，できる限り特定の養育者による一貫性のある養育が望まれる」としてい
ます。里親，乳児院，児童養護施設などの支援がその期間だけの支援であって
はならず，「子どもに用意される社会的養護の過程は，『つながりのある道す
じ』として子ども自身にも理解されるようなものであることが必要」としてい
ます。

第3節　社会的養護における保育士等の倫理と責務

　子どもの人権について，第1節，第2節で述べてきました。ここでは，社会
的養護における保育士の倫理と責務について考えてみましょう。

（1）社会的養護の子どもたちへの支援と保育士の倫理

　保育士には子どもの専門家としての役割が期待されています。社会的養護に
おける保育士に求められている権利擁護は，自己の権利を表明することが困難
な子どもたちのニーズをつかみ代弁することにあります。
　保育士の倫理綱領については，2003年2月に保育士資格が国家資格になるの
を機に全国保育士会が採択しました。これは，児童福祉法の改正により追加さ
れた「保育士は，保育士の信用を傷つけるような行為をしてはならない」（児
童福祉法第18条の21），「保育士は，正当な理由がなく，その業務に関して知り得
た人の秘密を漏らしてはならない。保育士でなくなつた後においても，同様と

47

第Ⅰ部　社会的養護の原理

表3-1　全国保育士会倫理綱領

　すべての子どもは，豊かな愛情のなかで心身ともに健やかに育てられ，自ら伸びていく無限の可能性を持っています。
　私たちは，子どもが現在（いま）を幸せに生活し，未来（あす）を生きる力を育てる保育の仕事に誇りと責任をもって，自らの人間性と専門性の向上に努め，一人ひとりの子どもを心から尊重し，次のことを行います。
　　　私たちは，子どもの育ちを支えます。
　　　私たちは，保護者の子育てを支えます。
　　　私たちは，子どもと子育てにやさしい社会をつくります。
（子どもの最善の利益の尊重）
1．私たちは，一人ひとりの子どもの最善の利益を第一に考え，保育を通してその福祉を積極的に増進するよう努めます。
（子どもの発達保障）
2．私たちは，養護と教育が一体となった保育を通して，一人ひとりの子どもが心身ともに健康，安全で情緒の安定した生活ができる環境を用意し，生きる喜びと力を育むことを基本として，その健やかな育ちを支えます。
（保護者との協力）
3．私たちは，子どもと保護者のおかれた状況や意向を受けとめ，保護者とより良い協力関係を築きながら，子どもの育ちや子育てを支えます。
（プライバシーの保護）
4．私たちは，一人ひとりのプライバシーを保護するため，保育を通して知り得た個人の情報や秘密を守ります。
（チームワークと自己評価）
5．私たちは，職場におけるチームワークや，関係する他の専門機関との連携を大切にします。
　　　また，自らの行う保育について，常に子どもの視点に立って自己評価を行い，保育の質の向上を図ります。
（利用者の代弁）
6．私たちは，日々の保育や子育て支援の活動を通して子どものニーズを受けとめ，子どもの立場に立ってそれを代弁します。
　　　また，子育てをしているすべての保護者のニーズを受けとめ，それを代弁していくことも重要な役割と考え，行動します。
（地域の子育て支援）
7．私たちは，地域の人々や関係機関とともに子育てを支援し，そのネットワークにより，地域で子どもを育てる環境づくりに努めます。
（専門職としての責務）
8．私たちは，研修や自己研鑽を通して，常に自らの人間性と専門性の向上に努め，専門職としての責務を果たします。

社会福祉法人 全国社会福祉協議会
全国保育協議会
全国保育士会

第**3**章　社会的養護の基本

する」（同第18条の22）を受けてのものです。

　保育士の倫理綱領の内容については，表３-１の通りです。各項目をあげて
みると，①子どもの最善の利益の尊重，②子どもの発達保障，③保護者との協
力，④プライバシーの保護，⑤チームワークと自己評価，⑥利用者の代弁，⑦
地域の子育て支援，⑧専門職としての責務の８項目があげられています。これ
は，保育士が専門職として守るべき基本的事項であり，子どもの最善の利益を
尊重すること，守秘義務を規定したプライバシーの保護，専門職としての利用
者の代弁，自らの業務を見直し自己研鑽していく専門職としての姿勢などが記
されています。

　このように，社会福祉専門職や子どもの保育・養育に関わる団体が「倫理綱
領」を定めています。では，倫理とは何か，広辞苑には「行動の規範としての
道徳観，善悪の基準」と書かれています。つまり，社会生活のなかで法や社会
のルールを守り，自らの行動の良し悪しを判断する基準になるものといえます。

　さらに，社会的養護の支援に対して，1948年に制定された「児童福祉施設最
低基準」（現：「児童福祉施設の設備及び運営に関する基準」）では，入所した者を平
等に取り扱う原則（第９条），虐待等の禁止（第９条の２），懲戒に係る権限の濫
用禁止（第９条の３）などの規定が設けられました。

（2）社会的養護の子どもたちへの支援と保育士の責務

　社会的養護の子どもに対する「子どもの最善の利益」については，先にもみ
たように「児童の権利に関する条約」の第３条第１項に「児童に関するすべて
の措置をとるに当たっては，公的若しくは私的な社会福祉施設，裁判所，行政
当局又は立法機関のいずれによって行われるものであっても，児童の最善の利
益が主として考慮されるものとする」と書かれており，同条約第３条第２項で
「締約国は，児童の父母，法定保護者又は児童について法的に責任を有する他
の者の権利及び義務を考慮に入れて，児童の福祉に必要な保護及び養護を確保
することを約束し，このため，すべての適当な立法上及び行政上の措置をと
る」と約束しています。また，同条約第20条第３項には社会的養護の支援につ

49

第 I 部　社会的養護の原理

いて「監護には，特に，里親委託，イスラム法のカファーラ，養子縁組又は必要な場合には児童の監護のための適当な施設への収容を含むことができる。解決策の検討に当たっては，児童の養育において継続性が望ましいこと並びに児童の種族的，宗教的，文化的及び言語的な背景について，十分な考慮を払うものとする」とし，里親委託の優先を示しています。

　これは児童福祉法でも同様であり，第3条の2に「児童を家庭において養育することが困難であり又は適当でない場合にあつては児童が家庭における養育環境と同様の養育環境において継続的に養育されるよう，児童を家庭及び当該養育環境において養育することが適当でない場合にあつては児童ができる限り良好な家庭的環境において養育されるよう，必要な措置を講じなければならない」とし，家庭における養育環境と同様の養育環境である「家庭養護」を推進しています。

　さらに，厚生労働省の「新たな社会的養育の在り方に関する検討会」では2017年8月に「新しい社会的養育ビジョン」を提示し，「在宅での支援から代替養育，養子縁組と，社会的養育分野の課題と改革の具体的な方向性を網羅する形となったが，これらの改革項目のすべてが緊密に繋がっているものであり，一体的かつ全体として改革を進めなければ，我が国の社会的養育が生まれ変わることはない」としています。これは，家庭養育優先の理念を規定し，実親による養育が困難であれば，特別養子縁組による永続的解決（パーマネンシー保障）の方向性を示しています。

　これらは，子どもにとって最善の場所は「家庭」であるとの考え方を示したものであり，児童福祉施設への措置入所に偏っていた我が国の社会的養護の方向性を再検討しようとする取り組みの一つでもあります。このような「再検討」を考える背景の一つには，児童虐待の増加により，「心のケア」を必要とする児童の増加があげられます。

　このような子どもたちへの支援について，専門的な支援が保育士の責務として求められています。そして，社会的養護を必要とする子どもと関わるときに

50

第**3**章　社会的養護の基本

は，子どもの，共感してもらいたい，受け止めてもらいたい（受容），非難されたくない，命令されたくないといった思いを尊重することが求められます。これは，ソーシャルワークの基本の一つです。社会的養護の必要な子どもを支援するにあたって，保育士にもソーシャルワークの基本を学ぶことが大切になります。さらに，親子関係の再構築のための支援方法，子どもの自立支援についての基本的理解，地域や児童相談所，里親や各児童福祉施設とのネットワークを活用した支援などの方法についても理解していることが，施設保育士の責務を果たすためには求められるでしょう。

📖 さらに学びたい人のために

○井上ひさし『四十一番の少年（新装版）』文藝春秋，2010年。

　　戦後仙台市の児童養護施設に入所した井上の自伝的小説。四十一番は洗濯番号である。悲しさや寂しさを乗り越えた少年時代の物語です。

○有川浩『明日の子供たち』幻冬舎，2014年。

　　児童養護施設に寝泊まりしながらの取材を基にした長編小説。新任職員として採用された三田村慎平は，2年先輩の和泉和恵から指導を受けつつ，子どもたちとの議論するなかで成長していく。児童養護施設での日常生活がよく描かれています。子どもたちとのドタバタ劇や進路をめぐるやりとりなどは，暗さを感じさせない物語です。

○長谷川眞人（監修），日本福祉大学長谷川ゼミナール・こどもサポートネットあいち（編）『しあわせな明日を信じて──作文集 乳児院・児童養護施設の子どもたち』福村出版，2008年。

　　児童養護施設の在所者や卒園生が，施設に入所するまでのことや，卒園後社会人となり，当時の施設や職員について感じていたことが書かれています。ある事例では，職員を嫌だと思い反発していたが，進路を考える際見守りながらも相談に応じてくれ，ようやく大学へ進学することができた，などが書かれています。

［小室泰治］

第4章

社会的養護の制度と実施体系

. . . .

人は，誰しも「子ども」時代を経験して大人になっていきます。そして，一人ひとりの子どもの成長を支えるのは，保護者をはじめとした家庭（家庭養育）だけでなく，さまざまな制度や施設が重要な役割を担っています。本章では，社会的養護実践を支える制度に焦点をあてて，個々の施設や事業がどのような法律にもとづいて運用されているのかを理解することを目的としています。また，特に子どもの社会的養護の中核を担う児童相談所の社会的役割について理解を深めるとともに，個別の施設や機関との連携の重要性についても理解を深めてください。

キーワード▶児童福祉法，児童虐待防止法，里親，児童相談所

第1節　社会的養護の法制度体系

　子どもの第一義的な養育の責任が親に求められることは，洋の東西を問わず共通の社会事象です。そして，さまざまな理由によって親が養育の責任を果たせない場合に，篤志家や宗教家らによる児童保護事業が展開されてきたことも共通する社会的事象です（本書第2章参照）。社会的養護という言葉が広く浸透する以前から，親に代わって子どもを養育する社会的機能は存在していました。しかし，そうした活動の動機は個人の美徳や徒弟制度における労働力の陶冶といったことに置かれ，子どもの生存権や養育権の保障を目的としたものではありませんでした。

　一方で，日本における近代以降の国家による貧困児童の救済は，恤救規則（1874年）や，救護法（1929年），児童虐待防止法（1933年）等の法制度によって展開されてきました。しかし，戦前に制定された児童保護法制度においては厳

第 I 部　社会的養護の原理

格な救済の制限扶助主義が採用され，子どもの生存権や保護の受給権といった
理念が盛り込まれることはありませんでした。児童の生活保障権が明確に盛り
込まれたのが，第二次世界大戦後に制定された児童福祉法（1947年）です。社
会的養護の法制度体系を解説するにあたり，最初にその基本的な法制度となる
児童福祉法について解説していきたいと思います。

（1）児童福祉法の目的と内容

　児童福祉法は，終戦後に大量に発生した戦争孤児の対策として成立しました。
敗戦国として戦後をスタートさせた日本はアメリカを中心とする連合国の占領
統治下におかれました。その占領統治を直接に司った組織が，マッカーサーを
頂点とする GHQ/SCAP（連合国最高司令官総司令部）です。GHQ が日本政府に
対して発した代表的な国民救済の指令が SCAPIN775（Public Assistance）で，
この指令を軸として「生活保護法」が制定されました。このなかで無差別平等
や国家責任といった近代救貧制度の基本原則が打ち出されています。「児童福
祉法」の総則に国家及び地方公共団体の児童福祉に対する公的責任が明記され
た背景には，このような社会福祉の近代化をもたらした政策的動向がありまし
た。その後，社会の進展とともに新たに派生して生まれてきた貧困児童問題，
児童虐待問題等に対処しながら改正を繰り返し，現代に至っています。

　現在の児童福祉法は，第 1 章「総則」（第 1 条〜第18条の24），第 2 章「福祉の
保障」（第19条〜第34条の 2），第 3 章「事業，養育里親及び養子縁組里親並びに
施設」（第34条の 3 〜第49条），第 4 章「費用」（第49条の 2 〜第56条の 5），第 5 章
「国民健康保険団体連合会の児童福祉法関係業務」（第56条の 5 の 2 〜第56条の 5
の 4），第 6 章「審査請求」（第56条の 5 の 5），第 7 章「雑則」（第56条の 6 〜第59
条の 8），第 8 章「罰則」（第60条〜第62条の 7）の全 8 章と附則によって構成さ
れています。

　本書第 1 章でも示しましたが，児童福祉法第 1 条には「全て児童は，児童の
権利に関する条約の精神にのつとり，適切に養育されること，その生活を保障
されること，愛され，保護されること，その心身の健やかな成長及び発達並び

第**4**章　社会的養護の制度と実施体系

┌─── **コラム　戦後まもなくの子どもの保育** ─────────────┐

戦前からの児童福祉（保育）の実践者である浦辺史は，敗戦直後の状況について次のように述べています[＊1]。

「自分が前に関係していた戦争中の保育問題研究会を復活して，民主保育連盟という組織をつくって保育所づくりをやったわけですね。自宅を開放したり，あるいは工場の社宅など全部で30か所ぐらいの住民主体の民主的保育所ができたでしょうか。そのうちに児童福祉法ができて保育所の認可を非常に狭い施設なのにどうやって受けるかということを，研究したり，保母試験のための講習会をやったり，そういう仕事に関係して終戦直後を過ごしたわけです。一番痛切に感じたのは，町のヤミ市や喫茶店には乳製品が一ぱいあるにもかかわらず，赤ちゃんの母乳が出ず乳製品が必要だというほうに配給が回らないということは深刻な問題でしたね。子どもたちを健康に育てる肝心の母乳が出ないというのは，やっぱり母親が十分な仕事をしていないということですね」。

└──────────────────────────────────────┘

にその自立が図られることその他の福祉を等しく保障される権利を有する」と記され，権利としての児童の発育保障が明確に規定されています。同時に，第2条第1項では「全て国民は，児童が良好な環境において生まれ，かつ，社会のあらゆる分野において，児童の年齢及び発達の程度に応じて，その意見が尊重され，その最善の利益が優先して考慮され，心身ともに健やかに育成されるよう努めなければならない」と記され，国民の児童に対する発育の努力義務が課せられています。さらに第2条第2項で児童の保護者に養育の第一義的責任を課し，第2条第3項で「国及び地方公共団体は，児童の保護者とともに，児童を心身ともに健やかに育成する責任を負う」と記され，明確に児童の社会的養護の公的責任が記されています。上記条文は「児童の福祉を保障するための原理であり，この原理は，すべて児童に関する法令の施行にあたつて，常に尊重されなければならない」（第3条）と記されているとおり，児童福祉法の「総則」は子どもの社会的養護に関する法律の施行における基本原理として位置づ

＊1　吉田久一・一番ヶ瀬康子（編）『昭和社会事業史への証言』ドメス出版，1982年，145頁。

第Ⅰ部　社会的養護の原理

けられています。

　以上のように，児童の養育の第一義的責任が保護者にあることを前提としつつも，保護者に養育能力がない，あるいは保護者が不在の場合に，国及び地方公共団体，さらには国民に対して養育の義務を課しているところに現行の児童福祉法の特徴があります。同法における具体的な養育的機能として，乳児院や児童養護施設といった児童福祉施設（第7条）のほか，里親への委託（第6条の4）といった方法が整備されています。

（2）児童虐待の防止等に関する法律の目的と内容

　児童福祉法と並んで児童の健全な発育の保障を目的に制定されたのが，児童虐待の防止等に関する法律（略称：児童虐待防止法）です。同法は増加する児童虐待を予防することを目的に2000年に制定されました。同名の法律は1933年にも制定されていましたが，虐待行為に及んだ保護者の刑事処分に重点が置かれ，児童の権利擁護を直接の目的としていたわけではありませんでした。実際に同法は戦時色が強まるなかでほぼ有名無実な存在となり，戦後は少年救護法と共に児童福祉法に統合されます。

　現行の児童虐待防止法は第1条〜第18条及び附則によって構成されています。第1条には「児童虐待が児童の人権を著しく侵害し，その心身の成長及び人格の形成に重大な影響を与えるとともに，我が国における将来の世代の育成にも懸念を及ぼすことにかんがみ，児童に対する虐待の禁止，児童虐待の予防及び早期発見その他の児童虐待の防止に関する国及び地方公共団体の責務，児童虐待を受けた児童の保護及び自立の支援のための措置等を定めることにより，児童虐待の防止等に関する施策を促進し，もって児童の権利利益の擁護に資することを目的とする」と同法の目的が明記されています。さらに虐待の定義（第2条），児童に対する虐待の禁止（第3条）が明記されているほか，第4条では国及び地方公共団体に対して「児童虐待の予防及び早期発見，迅速かつ適切な児童虐待を受けた児童の保護及び自立の支援並びに児童虐待を行った保護者に対する親子の再統合の促進への配慮その他の児童虐待を受けた児童が家庭で生

56

第**4**章　社会的養護の制度と実施体系

> ┌── コラム　子育ての社会化
>
> 　2010年に発生した大阪2児置き去り死事件は，映画化されるなど社会に大き
> な反響を与えました。同事件の加害者である母親に対する取材を中心に，詳細
> なルポルタージュを著した杉山春氏は事件の真相を次のように述べています。[*2]
> 「結婚の形が変わり，就労のあり方も変わった2000年代，個人のアイデンティ
> ティは必ずしも会社や家族などの集団では支えきれなくなった。集団内に留
> まるためには，常に他人から眼差され，評価され，個人の価値が計られなけれ
> ばならない。評価に耐えなければ，簡単にほかの人にすげ替えられる。人の商
> 品化が広がる」。
> 　母親としての評価を社会から受け続けることに対する重圧が虐待死の原因で
> あるとするならば，保護者としての責任を過度に求める風潮がかえって子育て
> に対する重圧を生み続け，保護者の孤独化を生み出す要因となるのではないで
> しょうか。「介護の社会化」と同様に「子育ての社会化」を真剣に考える時代
> がきているといえるのではないでしょうか。

活するために必要な配慮をした適切な指導及び支援を行うため，関係省庁相互
間その他関係機関及び民間団体の間の連携の強化，民間団体の支援，医療の提
供体制の整備その他児童虐待の防止等のために必要な体制の整備に努めなけれ
ばならない」と虐待防止にむけた体制整備の構築を課しています。また，第6
条第1項で「児童虐待を受けたと思われる児童を発見した者は，速やかに，こ
れを市町村，都道府県の設置する福祉事務所若しくは児童相談所又は児童委員
を介して市町村，都道府県の設置する福祉事務所若しくは児童相談所に通告し
なければならない」とし，国民に対して虐待の通告義務を課しています。

　以上見てきたように，児童福祉法および児童虐待防止法は，児童の健全な発
育を社会全体で保障する観点から国および地方公共団体のみならず，広く国民
に対しても子どもの養育に対する責任を課している点に特徴があるといえます。
つまり，子どもの養護および成長を社会全体で保障するという社会的養護の理

＊2　杉山春『ルポ虐待──大阪二児置き去り死事件』筑摩書房，2013年，255頁。

第 I 部　社会的養護の原理

念が，法的に明確に担保されている点を理解する必要があるといえます。

第 2 節　社会的養護の実施体系

　前節でも確認したように，現行の児童福祉法における社会的養護の方法は，里親制度による家庭養護及び施設養護に区分されます。

（1）里親制度による家庭養護の推進

　里親制度は，要保護児童（保護者のない児童又は保護者に監護させることが不適当であると認められる児童）の養育を児童相談所が委託する制度です（児童福祉法第 6 条の 4）。2002年に親族里親，専門里親制度が創設され，2008年の児童福祉法改正によって，新たに「養育里親」と「養子縁組を希望する里親」が制度上区分されました。さらに，2009年度から養育里親と専門里親に対する研修が義務化されました。2017年度からは，里親の新規開拓から委託児童の自立支援までの一貫した里親支援が都道府県児童相談所の義務として位置づけられ，養子縁組里親が法制化されました（現行の里親制度の概要については本書第 5 章を参照）。

　前述したように，児童の権利条約における「児童の最善の利益」の理念を盛り込んだ現行の児童福祉法では，公的責任の観点から社会的に保護養育するという社会的養護の基本理念を打ち出しています。同時に2016年の児童福祉法改正によって，家庭と同様の環境における養育の推進という理念が新たに盛り込まれました（第 3 条の 2）。しかし，社会的養護を必要とする児童の約 9 割が施設に入所しているのが現状です。こうした状況を打開するために，2017年12月に厚生労働省が打ち出した「社会的養育の推進に向けて」では，社会的養護における里親委託を優先する方針が打ち出されました。その効果として，①特定の大人との愛着関係の下で養育され，安心感の中で自己肯定感を育み，基本的信頼感を獲得できる，②適切な家庭生活を体験する中で，家族のありようを学び，将来，家庭生活を築く上でのモデルにできる，③家庭生活の中で人との適切な関係の取り方を学んだり，地域社会の中で社会性を養うとともに，豊かな

58

第**4**章　社会的養護の制度と実施体系

```
┌---- コラム　里親について -----------------------------┐
│                                                      │
│  長年にわたり児童相談所にソーシャルワーカーとして勤務した筑前甚七氏は,  │
│ 1970年代の里親制度の衰退について次のように述べています。          │
│                                              ＊3       │
│  「一人ひとりの優秀な里親は, 社会功績として表彰されると, ややもすると │
│ 会の円滑な運営や, 専門技術の練磨にはげむべき, 謙虚な, かつ現代社会への │
│ 警鐘を果たすべく意欲が薄らぎ, 里親会のマンネリ化をうむことになってはし  │
│ ないであろうか」。                                       │
│  筑前氏がこのような問題提起をしてから40年以上が経過しましたが, 状況に  │
│ 大きな変化はあったでしょうか。日本の里親制度は英国にみられるような「職   │
│ 業としての里親」という側面よりも, 養子縁組にみられるような「跡継ぎ」の  │
│ 確保といった側面が濃厚であるという指摘は以前からなされていました。そこ   │
│ には血縁関係を重視する日本の家族制度の影響があることは確かです。しかし,  │
│ 社会的養護という視点からみたときに, 日本においても「職業としての里親」   │
│ という制度を本格的に導入するための議論を進めていく段階にきています。     │
│                                                      │
└------------------------------------------------------┘
```

　生活経験を通じて生活技術を獲得できる, こと等が期待されています。また,
里親は委託解除後も子どもと関係をもち, いわば実家的な役割をもつことが期
待されるなど, 家庭と同様の環境における養育の推進を目標とした社会的養護
における第一義的な機能を果たすことが期待されています。

（2）施設養護による家庭的養護と個別化の推進

　一方で, 社会的養護の機能を中心的に担ってきたのが施設養護です。その社
会的養護を担う児童福祉施設の種類および現状を示したのが, 表4-1です。
児童福祉施設への入所は, 児童福祉法における措置として児童相談所が決定す
る仕組みとなっています（各施設の詳細については, 本書第5章参照）。なお, 自
立援助ホームとは, 児童自立生活援助事業の通称で, 児童養護施設等を退所し
た児童等が共同生活を営む住居において, 日常生活上の援助, 生活指導, 就業

＊3　筑前甚七（編）『東北の児童福祉』相川書房, 1982年, 105頁。

59

第 I 部　社会的養護の原理

表 4 - 1　社会的養護を担う児童福祉施設

施　　設	乳児院	児童養護施設	児童心理治療施設	児童自立支援施設	母子生活支援施設	自立援助ホーム
対象児童	乳児（特に必要な場合は，幼児を含む）	保護者のない児童，虐待されている児童その他環境上養護を要する児童（特に必要な場合は，乳児を含む）	家庭環境，学校における交友関係その他の環境上の理由により社会生活への適応が困難となった児童	不良行為をなし，又はなすおそれのある児童及び家庭環境その他の環境上の理由により生活指導等を要する児童	配偶者のない女子又はこれに準ずる事情にある女子及びその者の監護すべき児童	義務教育を終了した児童であって，児童養護施設等を対処した児童等
施設数	140か所	605か所	46か所	58か所	227か所	154か所
定　員	3,900人	32,253人	1,892人	3,637人	4,648世帯	1,012人
現　員	2,706人	25,282人	1,280人	1,309人	3,789世帯児童6,346人	573人
職員総数	4,921人	17,883人	1,309人	1,838人	1,994人	687人

注：1．乳児院・児童養護施設・児童心理治療施設・母子生活支援施設の施設数・定員・現員は福祉行政報告例（平成30年3月末現在）。
　　2．児童自立支援施設・自立援助ホームの施設数・定員・現員は家庭福祉課調べ（平成29年10月1日現在）。
　　3．職員数（自立援助ホームを除く）は，社会福祉施設等調査報告（平成29年10月1日現在）。
　　4．自立援助ホームの職員数は家庭福祉課調べ（平成29年3月1日現在）。
　　5．児童自立支援施設は，国立2施設を含む。
出所：厚生労働省「社会的養育の推進に向けて（平成31年4月）」2019年，2頁より一部抜粋。

の支援などを行います。

　施設入所支援においても，「家庭と同様の環境における養育」の推進をはかるべく，児童養護施設の小規模化が推進されています。「社会的養育の推進に向けて」では，家庭的養護と個別化による「あたりまえの生活」を保障することに小規模化の意義を見出しています。さらにその効果として，①一般家庭に近い生活体験を持ちやすい，②子どもの生活に目が届きやすく，個別の状況にあわせた対応をとりやすい，③生活の中で子どもたちに家事や身の回りの暮らし方を普通に教えやすい，④調理を通じ，食を通じたかかわりが豊かに持てる，⑤近所とのコミュニケーションのとりかたを自然に学べる，⑥集団生活によるストレスが少なく，子どもの生活が落ち着きやすい，⑦日課や規則など管理的になりやすい大舎制と異なり，柔軟にできる，⑧安心感のある場所で，大切に

される体験を提供し，自己肯定感を育める，⑨家庭や我が家のイメージを持ち，将来家庭を持ったときのイメージができる，⑩少人数のため行動しやすい，⑪地域の中にグループホームを分散配置することにより，地域での社会的養護の理解が深まる，といった点を確認することができます。このように大舎制による従来型の児童養護施設から小舎制への移行，さらには地域小規模児童養護施設（グループホーム），小規模グループケア（分園型）といった小規模型施設の設置，小規模住居型養育事業（ファミリーホーム）の創設など，「家庭と同様の環境における養育」を展開する環境が整備されつつあります。

第3節　児童相談所の機能と社会的養護

　児童相談所は，児童福祉法第12条に規定された児童福祉に関する第一線機関です。同法の規定により，児童相談所は都道府県および指定都市に設置が義務づけられています（中核市については任意設置）。

（1）相談内容と診断

　児童相談所の第一義的な機能は，その名の示す通り子どもに関する相談事業です。厚生労働省が作成した「児童相談所の運営指針」によると，児童相談所が受け付けている相談内容は養護相談，保健相談，障害相談，非行相談，育成相談などです。厚生労働省が発表した「平成29年度福祉行政報告例の概況」によると，平成29年度に全国の児童相談所が対応した相談件数は46万6,880件となっています。相談の種類別にみると，「養護相談」が19万5,786件（構成割合41.9％）ともっとも多く，次いで「障害相談」が18万5,032件（同39.6％），「育成相談」が4万3,446件（同9.3％）となっています。

　児童相談所に寄せられた相談内容については児童福祉司や医師，児童心理司などによって専門診断がなされ，問題の所在や解決策が総合的に判断されます。児童福祉司が行う社会診断は，保護者や子ども，関係者との面接，観察，生活環境調査，立入調査などの方法によってなされ，主に子どもの養育環境や生育

第Ⅰ部　社会的養護の原理

歴，社会生活などの生活（社会）環境を明らかにすることを目的としています。一方，児童心理司が行う心理診断は，心理検査や面接，観察といった方法で，発達状況や虐待によるトラウマの程度などを明らかにすることを目的としています。また，医師による医学診断は問診や診察，医学診断などの方法によって，児童の栄養状態や発育状態，虐待による外傷の有無などを明らかにすることを目的としています。このほかにも必要に応じて，理学療法士や言語聴覚士などの専門職によって障害の程度などを判断します。このような各専門職による専門診断を総合的に判定（総合診断）し，個別の援助方針が策定されます。援助方針の策定にあたっては，当事者である子どもや保護者の意見，さらにはその後の支援を担う児童福祉施設や里親などの意見が反映される必要性があります。

（2）入所措置等

　しかし，緊急性を要する場合（たとえば，虐待児童の保護などの場合に保護者などから同意を得られない場合）においては，児童相談所長の権限のもとで施設入所などの措置を取ることも可能です。つまり，児童福祉法第28条では「保護者が，その児童を虐待し，著しくその監護を怠り，その他保護者に監護させることが著しく当該児童の福祉を害する場合において（…中略…）児童の親権を行う者又は未成年後見人の意に反するとき」には，家庭裁判所の承認を得たあとに保護者の同意を得なくても強制的に措置することができます。

　また，虐待の疑いのある保護者が児童福祉司などの児童相談所員や児童委員の介入を拒否した場合についても，児童福祉法第29条で「必要があると認めるときは，児童委員又は児童の福祉に関する事務に従事する職員をして，児童の住所若しくは居所又は児童の従業する場所に立ち入り，必要な調査又は質問をさせることができる」ことが明記されています。

　従来，保護者が児童の引き渡しを拒否しても親権の主張がある限り，児童相談所が強制的に介入することができなかったのですが，2008年に児童虐待防止法と児童福祉法が改正されたことに伴い，強制的な介入（鍵の解錠や立入りなど）や，保護者と児童の面会の制限，保護者への指導強化などが定められまし

第4章 社会的養護の制度と実施体系

┌─── コラム　児童相談所の役割 ───┐

　長年にわたって児童相談所にソーシャルワーカーとして勤務した筑前甚七氏
は，次のように述べています。[*4]

　「まず考えなくてはならないのは，各学校や，司法関係の人々から相談所職
員が専門職者として評価され，相談されたクライエントから深く信頼され，児
童相談所を行政機関としてではなく，専門機関ということで質的・量的に発展
させるべきではないだろうか。今や障害児を持つ家庭や，養育上で悩む親，不
登校や教育上で葛藤している親等の多くは，それぞれが問題をもって生きてい
る。そしてこうした親たちの中には，専門職者に比肩する知識をもつ人々も増
えて来ている。今後，家庭支援に重点をおくということであるならば，これら
の親や子どもに心底信頼される児童相談所にしなくてはならない」。

　筑前氏の言葉は，現代の児童相談所の抱えている課題を深く捉えています。
親同士の協力や連携，さらには児童相談所の権限の強化，児童福祉司や社会福
祉主事に代わるソーシャルワーカーの必置など，取り組む課題は山積しています。

└──────────────────────────────┘

た。また，「民法等の一部を改正する法律」が2011年に公布されたことに伴い，
虐待を受けている子ども自身や後見人が家庭裁判所に親権の停止を申し立てて
2年間親権を行使することができなくなる「親権停止制度」が創設されました
（2012年4月施行）。

　児童相談所の家庭への強制的介入は，「児童の権利に関する条約」の基本理
念である「子どもの最善の利益」（第3条）を擁護するための緊急的措置です。
無論，生命の危険性が伴う場合など，警察などの司法機関と連携して強権的に
介入しなければならないこともあります。しかし，強権的な介入は親子関係に
亀裂を生じさせてその後の修復を困難にさせたり，児童福祉司と保護者の間に
ラポール（信頼関係）を構築させることを疎外させたりするなど，その後の親
子への支援の困難を招くことも多いのが現状です。強権的な介入を行う場合は，
細心の注意を払う必要があります。

─────────────────────

＊4　筑前甚七『児童福祉の潮流と児童相談所の変遷』啓生園印刷部，1997年，88頁。

63

第Ⅰ部　社会的養護の原理

　以上のような児童相談や児童の一時保護のほか，児童相談所の主要な業務として要保護児童の里親への委託や児童福祉施設への入所措置があります。児童福祉法第27条第1項第3号では，「児童を小規模住居型児童養育事業を行う者若しくは里親に委託し，又は乳児院，児童養護施設，障害児入所施設，児童心理治療施設若しくは児童自立支援施設に入所させること」を都道府県の義務として位置づけており，実際の業務を児童相談所長に委任しています（第32条）。また，児童の保護に関して緊急性の高いケースや，児童福祉施設等への入所措置までの期間，児童の生活の場所が確保できない場合などについては，児童相談所における一時保護所等に2か月を上限として入所させることができます（第33条）。

　児童相談所から入所措置の要請を受けた児童福祉施設は，基本的には受け入れの拒否を行うことはできません。児童相談所では児童福祉施設への入所措置に際して，今後の援助目標を掲げた処遇指針を作成して施設へ提示します。児童を受け入れた児童福祉施設は，個々の児童の支援指針（援助目標）に沿って「児童自立支援計画」を作成することになります。このように，施設における児童の処遇は児童相談所と児童福祉施設の連携のもと計画的に行われています。

（3）自立支援

　児童福祉施設への入所措置は，恒久的なものではありません。児童福祉法が定める「児童」とは「満18歳に満たない者」（第4条）であり，児童福祉施設を利用できるのは基本的には18歳までです。つまり，児童の自立に向けた支援を行うことが児童相談所の重要な役割となります。家庭復帰の可能性のある児童については，家庭復帰に向けた支援を行うことも児童相談所の役割です。具体的には，親子の面会や一時帰宅などを調整するとともに，児童委員などの「見守り」体制を整備するといった社会環境の整備が重要となります。また，家庭復帰後も児童相談所や児童福祉施設と連携を保ちながら，児童の自立を支援していく体制が必要となります。

　また，家庭復帰が困難な児童については，施設退所後の自立に向けた総合的

な支援体制を構築していく必要があります。2004年の児童福祉法改正では，母子生活支援施設や児童自立支援施設，児童養護施設などの入所施設において「退所した者について相談及びその他の援助を行うことを目的とする」ことが明記されました。つまり，児童福祉施設は入所児童の生活支援だけではなく，施設退所後の自立支援や退所児童のアフターケアを行うことが義務づけられました。具体的には退所児童の生活の場の確保のほか，就労支援や学修支援など子どもの自立に向けた取り組みが求められています。

（4）里親委託

　上述した入所措置による養護のほかに，要保護児童の里親への委託も児童相談所の主要な業務です。前述したように，児童福祉法改正によって2017年度から里親の新規開拓から委託児童の自立支援までの一貫した里親支援を都道府県児童相談所の業務として位置づけるとともに，養子縁組里親を法定化し，新たに研修を義務化することが定められました。2012年度から児童養護施設と乳児院に対して里親支援専門相談員を設置し，児童相談所の里親担当職員，里親支援事業により配置される職員とともに，里親委託の推進と里親支援を行うことが進められてきました。

（5）体制強化に向けて

　このように児童相談所を中心に社会的養護を推進する体制が整備されてきましたが，さらなる児童相談所の体制強化にむけて次の事項が検討されています。つまり，2016年の児童福祉法によって専門職の配置，児童福祉司等の研修義務化，弁護士の配置等が規定されたほか，2017年の同法の改正によって児童の保護に関して司法関与の強化が推進されることになりました。

　今後，児童相談所における家庭裁判所への申し立て等の業務が増加することが予想されます。こうした動きのなかで，厚生労働省では「司法機関連携強化職員（仮称）」の配置や児童虐待防止対策研修事業の拡充等を検討しています。さらに2016年の児童福祉法附則改正によって，中核市および特別区が児童相談

第Ⅰ部　社会的養護の原理

所を設置する際に，国が設置に係る支援その他の必要な措置を講ずることが新たに規定されました。今後，市区が児童相談所の設置を進めるうえで，すでに児童相談所を設置している都道府県等の協力が必要となることから，児童相談所の実務経験のある都道府県等職員の市区への派遣を促進する体制を整備することが検討されています。

　保育士を目指すみなさんも，日々の政策的な動向を把握するとともに，自身がどのような社会的環境のなかで保育活動に従事しているのか，絶えず関心を向ける必要があります。

📖さらに学びたい人のために
○木村武夫（編）『現代日本の児童福祉』ミネルヴァ書房，1970年。
　「古典」とは，それが執筆された時代を超えて現代まで論の普遍性を保ち得る書物であると定義できます。本書は毎年数多く出版されてきた児童福祉関連の書物のなかで，その定義に耐えることができる書物です。執筆者の布陣を見ても，戦後の社会福祉研究をリードしてきたメンバーであることは異論が出ないものです。特に，第2章の孝橋正一「社会経済と児童問題」は児童福祉を社会科学的方法論によって分析した他に類を見ない論考です。社会福祉専門職であれば，是非一度かじりついてもらいたい一冊です。
○全社協養護施設協議会（編）『続　泣くものか──作文集　子どもたちからの人権の訴え』亜紀書房，1990年。
　世に児童福祉や保育に関する「解説書」は無数に存在しています。しかし，そうした制度を利用している「子ども」の声にスポットをあてた書物はほとんどありません。貧困・虐待・家庭崩壊を経てたどり着いた児童養護施設での生活。子どもは何に傷つき，何を考え，何を訴えているのか。また，児童指導員や保育士はそうした子どもの声をどのように理解していけばよいのか。重たい現実と課題ですが，専門職としてそこから目をそらすことはできません。

［畠中　耕］

第5章

社会的養護の対象・形態・専門職

・ ・ ・

　自ら社会的養護の対象となることを望む子どもはいません。子どもにとっては，ある意味予期せず，あるいはやむを得ず里親や施設での生活が始まることがほとんどです。しかしそこには，その子どもたちの抱えるさまざまな事情と一人ひとりの置かれた状況をふまえ，子どもたちの行き先（里親を含めた施設）が検討されることが前提としてあります。そして，生活の場が施設（里親除く）であれば，そこではさまざまな専門職が，子ども一人ひとりの最善の利益のもと，連携して支援にあたります。生活の場が里親家庭の場合には，里親という特定の養育者の下で一般家庭と変わらぬ生活を送ることになります。

　ここでは，家庭養護と施設養護という社会的養護のあり方の違いを知り，施設の違いやそこで働く専門職の役割を理解していきましょう。

キーワード▶生活の場・生活，何らかの事情，孤立，支援・ケア，専門性・専門職，
　　　　　　連携

第1節　社会的養護の対象

　ここまでの章でも見てきたように，社会的養護は，「保護者のない児童や，保護者に監護させることが適当でない児童を，公的責任で社会的に養育し，保護するとともに，養育に大きな困難を抱える家庭への支援を行う[1]」と定義されています。これは，2011年7月に児童養護施設等の社会的養護の課題に関する検討委員会・社会保障審議会児童部会社会的養護専門委員会がとりまとめた「社会的養護の課題と将来像」のなかで示された定義です。「保護者のない児

---

*1　厚生労働省「社会的養護の課題と将来像」2011年，3頁。

第Ⅰ部　社会的養護の原理

童」とは，ひとり親家庭である，病気や仕事などのため両親とも不在の状況に
ある子どもたちです。「保護者に監護させることが適当でない児童」とは，虐
待やネグレクトのほかに，保護者の抱える事情により家庭において適切な養育
を受けることの困難な子どもたちが該当します。

　社会的養護の対象となる「保護者のない児童や，保護者に監護させることが
適当でない児童」とは，大まかに「養育環境に困難のある子どもたち」「生き
づらさを抱えている子どもたち」「障害のある子どもたち」の3つに分類する
ことができます。このうち「養育環境に困難のある子どもたち」と「生きづら
さを抱えている子どもたち」は明確に分けられるものではなく，重なり合うと
ころは大きいのですが，社会的養護の対象となる子どもを理解するうえで，大
切な視点と言えます。

（1）養育環境に困難のある子どもたち

　本来，子どもは親の見守りのなかで，安心して成長していくことが必要です。
親からあやされ，世話をされ，ほめてもらい，認められることで，子どもらし
い自由な遊びが生まれ，失敗しても立ち上がれる力や，もっと良くなろうとい
う気持ちが芽生えます。しかし，親からの虐待は，この機会を奪ことになりま
す。虐待の背景には，子どもの貧困や，ひとり親家庭，ステップファミリー
（父母のどちらか，または両方が子連れで再婚した家族），DV，障害のある親，多子
家庭，若年出産，親のアルコール依存などの嗜癖の問題，社会的孤立などの存
在が見られる場合があります。なかには，子どもの虐待はなくても，これらの
養育環境上のさまざまな困難が重複している子どももいます。

　これら虐待をはじめとする養育困難は，家族のなかでの人間関係や家族とし
ての役割のあり方をゆがめてしまいます。たとえば，親が子どもを過度に頼り，
家事の一切を子ども任せにする，物事の判断を子どもにゆだねる，父が威張っ
て母は父に従い振り回される，等々です。こうしたことにより，そこで育つ子
どもは子どもらしいときを過ごすことが難しくなってしまいます。それはたと
えば，掃除の仕方やからだの洗い方など生活のなかで学ぶこまごまとしたこと

68

や，困ったことに遭遇したら人に助けを求めること，身だしなみや性のルールなど生きていくうえで必要となる基本的なルールやふるまいを身近な大人から適切に学び身につけることを困難にする，ということです。

（2）生きづらさを抱えている子どもたち

　ここで言う生きづらさとは，社会適応の難しさと捉えてください。人間関係でトラブルになりやすい場合も，内にこもりがちである場合も，集団になじめないという点では共通しており，社会適応の難しさと捉えることができます。「養育環境に困難のある子どもたち」のなかには，孤立感から生きづらさを抱えることになる子どもも多くいます。たとえば，困ったことに遭遇しても人に適切に助けを求められず，自己解決あるいは解決しないまま放置し，問題が深くなってしまえば社会的に孤立することもあります。孤立からくる孤独感や寂しさを埋め合わせようと家を出て街を徘徊するうちに，喫煙や万引き，深夜徘徊等々の反社会的な行動を覚えていくことがあります。「養育環境に困難のある子どもたち」と「生きづらさを抱えている子どもたち」は，多くの面で重なり合う場合があります。

　また，発達障害や軽度の知的障害などがありながら，そのことを正しく理解されず，乳幼児期からの養育・保育・教育環境での不適切な関わりにより生きづらさを抱える子どももいます。親や保育者・教員のような子どもを支え守り育てる立場にある大人からの過度な期待や，過干渉，虐待，放任が，子どもにダメージを与えることもあります。「自分は期待に応えられないダメな人間だ」，「自分がダメだから怒られる」，「気にも留めてもらえないような存在なのだ」と自分の価値を低くし，自分を大切にする心が削がれ，自分に自信をもてなくなり，社会的に孤立していくことが考えられます。

（3）障害のある子どもたち

　社会的養護の定義に出てくる「監護させることが適当でない児童」（＝監護が困難な児童）や「養育に大きな困難を抱える家庭への支援」には，「障害のある

第Ⅰ部　社会的養護の原理

子ども」が含まれると考えられます。ただし、ここで気をつけなければならないのは、「障害のある子ども」＝「保護者に監護させることが適当でない児童」ということではないという点です。「障害がある」ということが直接的に社会的養護の対象となるわけではないということをしっかり押さえておく必要があります。

　何らかの障害があり家庭での監護が難しい子どものなかには、生まれたときから障害を抱えている子どもはもちろんですが、虐待の後遺症で重度の障害を負った子どもや、障害ゆえの育てにくさから虐待を受けた子どももいます。これらの多くは、保護者の障害への認識の低さや経済力を含めた養育力・養育意欲の低さに起因するもので、「生きづらさを抱えている子どもたち」に通じるものがあります。そして実際に、社会的養護を必要とする子どもたちのなかには、障害のある子どもが相当数いることも事実です。

第2節　家庭養護という形態

　国は2010年6月に国際連合（国連）の子どもの権利委員会から子どもの権利侵害等に関する是正勧告を受けたことをふまえ、何らかの事情により家庭で暮らすことの難しい子どもは、施設を利用するのではなく、家庭的な環境の得られる「里親」で育てることを優先的に考えるという取り組みを進めています。これは国際的な流れとも言えるでしょう（図5-1）。

　このような里親等による養育を「家庭養護」と言います。家庭養護は、大きく里親と小規模住居型児童養育事業（以下、ファミリーホーム事業）に分けられます。

（1）里　親

　家庭養護の代表的位置づけにあるのが里親制度です。里親制度とは、2011年に厚生労働省から示された「里親委託ガイドライン」によれば、「何らかの事情により家庭での養育が困難又は受けられなくなった子ども等に、温かい愛情

第5章　社会的養護の対象・形態・専門職

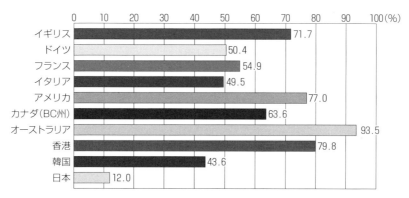

図5-1　各国の要保護児童に占める里親委託児童の割合（2010年前後の状況）

注：1．「家庭外ケア児童数及び里親委託率等の国際比較研究」主任研究者　開原久代（東京成徳大学子ども学部）（平成23年度厚生労働科学研究「社会的養護における児童の特性別標準的ケアパッケージ（被虐待児を養育する里親家庭の民間の治療支援機関の研究）」）。
　　2．日本の里親等委託率12.0％は，平成22年度末（2011年3月末）。
　　3．里親の概念は諸外国によって異なる。
出所：厚生労働省「社会的養育の推進に向けて（平成31年4月）」2019年，26頁。

表5-1　里親委託優先の原則

家族は，社会の基本的集団であり，家族を基本とした家庭は子どもの成長，福祉及び保護にとって自然な環境である。このため，保護者による養育が不十分又は養育を受けることが望めない社会的養護のすべての子どもの代替的養護は，家庭的養護が望ましく，里親委託を優先して検討することを原則とするべきである。特に，乳幼児は安定した家族の関係の中で，愛着関係の基礎を作る時期であり，子どもが安心できる，温かく安定した家庭で養育されることが大切である。 　社会的養護が必要な子どもを里親家庭に委託することにより，子どもの成長や発達にとって， ① 特定の大人との愛着関係の下で養育されることにより，自己の存在を受け入れられているという安心感の中で，自己肯定感を育むとともに，人との関係において不可欠な，基本的信頼感を獲得することができる。 ② 里親家庭において，適切な家庭生活を体験する中で，家族それぞれのライフサイクルにおけるありようを学び，将来，家庭生活を築く上でのモデルとすることが期待できる。 ③ 家庭生活の中で人との適切な関係の取り方を学んだり，身近な地域社会の中で，必要な社会性を養うとともに，豊かな生活経験を通じて生活技術を獲得することができる。 というような効果が期待できることから，社会的養護においては里親委託を優先して検討するべきである。

出所：厚生労働省「里親委託ガイドライン」2011年より。

と正しい理解を持った家庭環境の下での養育を提供する制度」です。ここで特筆すべきは，上記の「里親委託ガイドライン」において「里親委託優先の原則」（表5-1）が掲げられ，かつ2016年度の児童福祉法改正により，第3条の

第Ⅰ部　社会的養護の原理

図5-2　里親の種類

出所：厚生労働省「社会的養育の推進に向けて（平成31年4月）」2019年，117頁。

2のなかで家庭と同様の環境における養育を原則とすることが明記されたことです（本書第1章参照）。さらには，この2016年度の児童福祉法改正では，児童相談所の業務として「里親開拓」，「里親と児童のマッチング」，「訪問支援等による児童の自立支援」までの一貫した里親支援が位置づけられたほかに，養子縁組里親が法制化されるなど，里親制度の拡充が図られました。

児童福祉法の里親の定義のなかには「養育里親」（第6条の4第1号）や「養子縁組里親」（第6条の4第2号）等，里親の種類が示されています（図5-2）。

「養育里親」とは，何らかの事情により家庭で暮らせない子どもを預かって養育する里親です。「養子縁組里親」とは，養子縁組を前提に子どもを養育する里親ということになります。そしてもう一つ定義されているのが「親族里親」です。何らかの事情により親と暮らせない子どもを三親等（一親等は親・

第5章　社会的養護の対象・形態・専門職

子，二親等は祖父母・孫，三親等は曽祖父母・曽孫）以内の親族が養育するものです。ほかに虐待を受けた子どもや，心身に有害な影響を受けた子ども，非行等の問題行動のある子ども，身体障害や発達障害，知的障害などの子どもの養育を目的とした「専門里親」があります。「専門里親」は，保育士などの専門的な知識や資格を有していることなどが求められ，他の里親よりも専門性が求められます。

　里親制度は，里親の家庭という一般家庭で養育される点が大きな特徴です。施設とは違い里親という特定の養育者の下で家庭生活を送るということは，将来的に倣^{なら}うべき大人のモデルをいつも目の当たりにしているということであり，困ったときに相談できる信頼に足る大人がいるということです。このことは社会で自立した生活を送るうえでも，また将来家庭を築くうえでも欠かせない大切なこととなります。しかしその一方で，里親の家庭生活に身を置くということにはリスクも伴います。家庭という，第三者の目の届きにくい環境に伴うことによるリスクです。里親が自分たちの価値観や養育観などに偏ることのないよう，里親研修により知識を深め，里親同士の交流のなかで経験を分かち合うなどのことが，児童相談所や里親の会を中心にもたれています。それでも，実際には不適切な養育が行われていることも指摘されています。虐待を受けた子どもばかりでなく，子どもにとっては親元を離れること自体が傷つき体験となっていることも多いなか，里親によってさらなる傷つき体験を負うことは決してあってはならないことです。そのため，児童福祉法改正により掲げられた児童相談所による「里親と児童のマッチング」，「訪問支援等による児童の自立支援」までの一貫した里親支援は，大きな意味をなします。また，2012年に乳児院・児童養護施設に配置された「里親支援専門員」が機能することで，児童相談所のみならず社会的養護の施設と里親の連携がうまれ，家庭養育が拡充していくことが期待されています。

（2）ファミリーホーム事業

　ファミリーホーム事業は2009年から施行された事業で，養育者の家庭に子ど

第Ⅰ部 社会的養護の原理

もを迎え入れて養育を行うものです。養育里親が受け入れ可能な子どもの人数が4人（専門里親は2人まで）であるのに対し、ファミリーホームでは5〜6人の子どもを受け入れることが可能です。受け入れる子どもの人数が増える分，補助者を入れた3人以上の養育者が養育にあたります。里親の規模が少し大きくなったもの（里親型のグループホーム）と考えると理解しやすいでしょう。つまり，あくまでも一般家庭で育てるもので，里親同様に一定の養育者による家庭養育になります。ファミリーホーム事業実施要項によると，「児童間の相互作用を活かしつつ，児童の自主性を尊重し，基本的な生活習慣を確立するとともに，豊かな人間性及び社会性を養い，児童の自立を支援する」ことがこの事業の目的であることからもわかるように，複数いる子ども同士で育ち合うことにファミリーホームの意義があると言えます。

　ファミリーホーム事業を行うには，養育里親の経験がある，児童養護施設等の職員経験があるなどの要件を満たしていなければなりません。現在，全国にファミリーホームは347か所あり，1,434人の子どもが委託されています。[2]

第3節　施設養護という形態

　何らかの事情により親元を離れて暮らすことを余儀なくされた子どもたちを，乳児院や児童養護施設などの児童福祉施設で養育することを「施設養護」と言います。「施設養護」は社会的養護の中心をなし，社会的養護の形態としてはもっとも歴史が長いものです。

　近年，「施設」のあり方も変化しており，大規模な施設では，複数の子どもが共同生活をしており，「個」を尊重した支援が困難であるため，できるだけ家庭的な環境で子どもの「個」を尊重した養育を受けることが可能となることを目指し，家庭的な環境が得られやすくなるよう施設の小規模化が進められています。

＊2　厚生労働省「社会的養育の推進に向けて（平成31年4月）」2019年，2頁。

第5章　社会的養護の対象・形態・専門職

表5‒2　社会的養護における児童福祉施設等

	入所型	通所型
養護系	乳児院，母子生活支援施設，児童養護施設，児童心理治療施設，児童自立支援施設，自立援助ホーム	（児童心理治療施設，児童自立支援施設）
障害系	福祉型障害児入所施設，医療型障害児入所施設	福祉型児童発達支援センター，医療型児童発達支援センター
相談系・その他	児童相談所（一時保護所を含む），児童家庭支援センター，児童厚生施設	

出所：筆者作成。

なお，社会的養護に関わる児童福祉施設等（保育所を除く）の種類を表にまとめると表5‒2のように整理できます。

（1）養育環境に困難のある子どもたちを支援するための施設

①乳児院

乳児院は，0歳から就学前までの子どもが利用対象となります。多くの場合2歳を目安に家庭復帰するか，児童養護施設への措置変更や，里親への委託となります。乳児院には産婦人科の病院から直接入所することもありますが，入所する主な理由としては，「父または母の精神疾患等」22.2％，「父または母の放任・怠惰」11.1％，「両親の未婚」6.2％，「養育拒否」6.9％と続き，保護者の精神疾患が大きな入所理由であることがわかります（事例1参照）。「放任・怠惰」や「虐待・酷使」「遺棄」「養育拒否」といったいわゆる「虐待」は27.1％になります（表5‒3）。

近年では，若年出産等のため子育て不安や養育困難を抱える家族への支援の方法として乳児院を一時的に利用する方法や，乳児院から養子縁組里親という取り組みも行われています（事例2参照）。

乳児期は，基本的信頼感の獲得や愛着形成といった人格形成上もっとも大切な時期と言えます。乳児院で働く保育士には入所している子どもにこれらを保障するために，子どもとの密接な関わりが求められます。

75

第Ⅰ部　社会的養護の原理

表5-3　養護問題発生理由別児童数

	児　童　数（構成割合％）						
	里親委託児	養護施設児	情緒障害児	自立施設児	乳児院児	ファミリーホーム児	援助ホーム児
総　数	4,534(100.0)	29,979(100.0)	1,235(100.0)	1,670(100.0)	3,147(100.0)	829(100.0)	376(100.0)
父の死亡	113(2.5)	142(0.5)	6(0.5)	14(0.8)	2(0.1)	8(1.0)	2(0.5)
母の死亡	403(8.9)	521(1.7)	13(1.1)	17(1.0)	24(0.8)	22(2.7)	8(2.1)
父の行方不明	99(2.2)	141(0.5)	1(0.1)	6(0.4)	4(0.1)	6(0.7)	1(0.3)
母の行方不明	388(8.6)	1,138(3.8)	10(0.8)	17(1.0)	79(2.5)	36(4.3)	9(2.4)
父母の離婚	97(2.1)	872(2.9)	33(2.7)	133(8.0)	56(1.8)	50(6.0)	18(4.8)
両親の未婚	＊（　＊）	＊（　＊）	＊（　＊）	＊（　＊）	195(6.2)	＊（　＊）	＊（　＊）
父母の不和	18(0.4)	233(0.8)	18(1.5)	30(1.8)	41(1.3)	8(1.0)	2(0.5)
父の拘禁	47(1.0)	419(1.4)	4(0.3)	9(0.5)	18(0.6)	8(1.0)	3(0.8)
母の拘禁	130(2.9)	1,037(3.5)	14(1.1)	26(1.6)	121(3.8)	31(3.7)	2(0.5)
父の入院	27(0.6)	180(0.6)	-(　-)	2(0.1)	7(0.2)	7(0.8)	1(0.3)
母の入院	131(2.9)	1,124(3.7)	9(0.7)	9(0.5)	96(3.1)	32(3.9)	3(0.8)
家族の疾病の付添	＊（　＊）	＊（　＊）	＊（　＊）	＊（　＊）	11(0.3)	＊（　＊）	＊（　＊）
次子出産	＊（　＊）	＊（　＊）	＊（　＊）	＊（　＊）	19(0.6)	＊（　＊）	＊（　＊）
父の就労	44(1.0)	963(3.2)	11(0.9)	22(1.3)	11(0.3)	10(1.2)	1(0.3)
母の就労	109(2.4)	767(2.6)	12(1.0)	65(3.9)	123(3.9)	16(1.9)	-(　-)
父の精神疾患等	16(0.4)	178(0.6)	9(0.7)	17(1.0)	13(0.4)	-(　-)	2(0.5)
母の精神疾患等	356(7.9)	3,519(11.7)	179(14.5)	127(7.6)	686(21.8)	94(11.3)	33(8.8)
父の放任・怠だ	46(1.0)	537(1.8)	27(2.2)	77(4.6)	9(0.3)	13(1.6)	8(2.1)
母の放任・怠だ	431(9.5)	3,878(12.9)	133(10.8)	268(16.0)	340(10.8)	84(10.1)	17(4.5)
父の虐待・酷使	124(2.7)	2,183(7.3)	161(13.0)	152(9.1)	82(2.6)	58(7.0)	45(12.0)
母の虐待・酷使	249(5.5)	3,228(10.8)	214(17.3)	129(7.7)	186(5.9)	73(8.8)	35(9.3)
棄児	94(2.1)	124(0.4)	5(0.4)	6(0.4)	18(0.6)	19(2.3)	1(0.3)
養育拒否	750(16.5)	1,427(4.8)	78(6.3)	65(3.9)	217(6.9)	71(8.6)	28(7.4)
破産等の経済的理由	249(5.5)	1,762(5.9)	12(1.0)	13(0.8)	146(4.6)	28(3.4)	10(2.7)
児童の問題による監護困難	69(1.5)	1,130(3.8)	＊（　＊）	＊（　＊）	19(0.6)	33(4.0)	74(19.7)
その他	392(8.6)	3,619(12.1)	156(12.6)	172(10.3)	547(17.4)	60(7.2)	57(15.2)
特になし	＊（　＊）	＊（　＊）	91(7.4)	202(12.1)	＊（　＊）	＊（　＊）	＊（　＊）
不　詳	152(3.4)	857(2.9)	39(3.2)	92(5.5)	77(2.4)	62(7.5)	16(4.3)

注：＊は，調査項目としていない。
出所：厚生労働省「児童養護施設入所児童等調査結果（平成25年2月1日現在）」2015年，9頁をもとに作成。

事例1　育児ノイローゼから救われ，家族みんな元気です：母親の病気で入所[＊3]

先生方，みなさんお元気ですか。Tは風邪もひかず順調に育ち，最近は少し

＊3　全国乳児福祉協議会ホームページ　https://nyujiin.gr.jp/about/tegami/（2019年7月20日閲覧）より。

第5章 社会的養護の対象・形態・専門職

ずつおしゃべりもしております。最初は遠慮がちだったのか，あまり泣かなかったのが，最近ではお姉ちゃんとけんかもし，感情を表に出すようになりました。預かっていただいているときは，ほんとうにお世話になりました。どう言葉に表したらいいのかわかりません。育児ノイローゼで悩んでいた妻も私も，先生方の親切な気持ちによってどんなにか救われ，とても勇気づけられ，生活のリズムが戻り，仕事にもいっそう頑張ろうと思いました。仕事が忙しく，あいさつにも行けず甘えていてすみません。

事例2　予期せぬ娘の出産，1年後，養子縁組の手続きを：未婚の娘の出産で[*4]

　わが娘が妊娠。突然のことで力が抜けそうになりました。しかも，娘は臨月を過ぎ危険な状態。今まで，母親として気づかなかった自分自身の不甲斐なさに腹立たしさを覚えました。とにかく，無事女の子が生まれました。私にとっては孫。かわいそうで涙がこぼれ落ちました。生まれた子の小ささとつぶらな瞳に見つめられ，これからどうしたらよいのか思い悩みました。乳児院に預けて1カ月に1回，片道80kmの道程を車で走って会いにいきました。あれから1年と少し，また枯れ葉散る季節になりました。家族や娘との話し合いにより，祖父母である私たちが，父母となる養子縁組をしました。

②児童養護施設

　児童養護施設は，「保護者のない児童（乳児を除く。ただし，安定した生活環境の確保その他の理由により時に必要のある場合には，乳児を含む。），虐待されている児童その他環境上養護を要する児童を入所させて，これを養護し，あわせて退所した者に対する相談その他の自立のための援助を行うことを目的とする施設」（児童福祉法第41条）で，利用できるのは基本的には1歳以上18歳未満の幼児および少年で，場合によっては乳児や，20歳まで延長して利用することも可能とされています（同法第31条）。なお，退所後の自立が難しい社会状況をふまえて，2017年4月より，自立のための支援を継続して行うことが適当な場合には，22歳の年度末まで，個々の状況に応じて引き続き必要な支援を行うととも

＊4　前掲＊3と同じ。

77

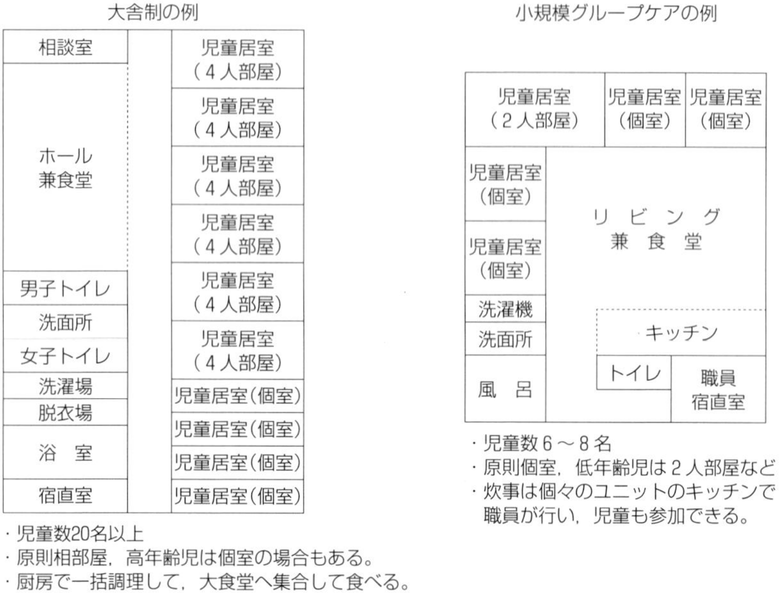

第Ⅰ部　社会的養護の原理

大舎制の例

相談室	児童居室 （4人部屋）
ホール 兼食堂	児童居室 （4人部屋）
	児童居室 （4人部屋）
	児童居室 （4人部屋）
男子トイレ	児童居室 （4人部屋）
洗面所	児童居室 （4人部屋）
女子トイレ	
洗濯場	児童居室（個室）
脱衣場	児童居室（個室）
浴室	児童居室（個室）
宿直室	児童居室（個室）

・児童数20名以上
・原則相部屋，高年齢児は個室の場合もある。
・厨房で一括調理して，大食堂へ集合して食べる。

小規模グループケアの例

児童居室 （2人部屋）	児童居室 （個室）	児童居室 （個室）
児童居室 （個室）	リ ビ ン グ 兼 食 堂	
児童居室 （個室）		
洗濯機 洗面所	キッチン	
風呂	トイレ	職員 宿直室

・児童数6〜8名
・原則個室，低年齢児は2人部屋など
・炊事は個々のユニットのキッチンで
　職員が行い，児童も参加できる。

図 5 - 3　児童養護施設の形態

出所：厚生労働省「社会的養育の推進に向けて（平成31年4月）」2019年，53頁。

に，施設等に入所している者および退所した者について，退所後の地域生活および自立を支援したりする「社会的養護自立支援事業」を実施しています。[*5]

　児童養護施設では，現在子どもたちにいかに家庭的な雰囲気での生活を提供できるかが問われており，2000年に地域小規模児童養護施設が，2004年に小規模グループケアがそれぞれ制度化され，多くの施設で大舎制から小規模グループケアへの移行が図られています（図5-3）。

　地域小規模児童養護施設というのは，本体施設の支援のもと，地域の民間住宅を活用して職員と共に子ども6人定員で生活するものです。小規模グループケアでは，「ユニット」という一つの生活単位で6〜8人の子どもが職員と共に生活するスタイルがとられています。いずれも家庭的な雰囲気のなかで，き

＊5　厚生労働省雇用均等・児童家庭局長通知「社会的養護自立支援事業等の実施について」2017年。

め細かな支援が行われています。大舎制であればすべて日々の活動（日課）が一律に決められていましたが，地域小規模児童養護施設では，職員と一緒に食事の準備をしたり，時には食材の買い出しにも職員と一緒に行ったりするなど状況に応じて判断しながら生活をしています。居間でテレビを見ている子どもの傍らで，部活動で遅く帰宅した子どもが食事につく，といった光景が普通に見られますが，そこで生活する子どもたちの多くは虐待を受けるなどの心の傷を負っており（表5-3参照）職員は一人で抱え込まず，忍耐とあきらめない心をもち，変化する子どもの未来を信じ，専門性を活かしながら職員間での連携のもと，支援にあたっています。

（2）生きづらさを抱えている子どもたちを支援するための施設
①児童心理治療施設

　児童心理治療施設というのは，2016年の児童福祉法の改正により変更された呼称です。それまでは情緒障害児短期治療施設と呼ばれていました。心理的な要因により，社会生活や学校生活など集団になじめず生きづらさを生じている子どもたちを対象とした施設と言えます。不登校やひきこもり，いじめなど親子関係や友達関係がうまくいかずに悩んでいる子どもたちが対象となります。児童心理治療施設ではあくまでも短期的な治療・生活指導を受け家庭復帰を目指します。家庭的に深刻な問題を抱えている場合には，児童養護施設や児童自立支援施設に措置変更となる子どももいます。

　「児童養護施設入所児童等調査結果」（平成25年2月1日現在）によれば，入所している子どもの72.9%に何らかの障害があり（表5-4），71.2%の子どもに被虐待経験がありました。この数字はいずれも，他の社会的養護の施設のなかでもっとも高いものです。このような子どもに対して，児童心理治療施設では「総合環境療法」を行っています。総合環境療法は「総合環境療法＝心理治療＋家族支援＋生活指導＋公教育」と表すことができます。病院での入院治療とは異なり，あくまでも生活の場が治療の場となっています。児童精神科医や心理療法担当職員との連携は必至となります。服薬治療を行うことは稀ではあり

第Ⅰ部　社会的養護の原理

表5-4　心身の状況別児童数

	総　数	障害等あり	障害等あり内訳（重複回答）									
			身体虚弱	肢体不自由	視聴覚障害	言語障害	知的障害	てんかん	ADHD	LD	広汎性発達障害	その他の障害等
里親委託児	4,534 100.0%	933 20.6%	76 1.7%	27 0.6%	35 0.8%	33 0.7%	359 7.9%	46 1.0%	149 3.3%	35 0.8%	200 4.4%	224 4.9%
養護施設児	29,979 100.0%	8,558 28.5%	584 1.9%	101 0.3%	221 0.7%	298 1.0%	3,685 12.3%	369 1.2%	1,384 4.6%	352 1.2%	1,576 5.3%	2,319 7.7%
情緒障害児	1,235 100.0%	900 72.9%	7 0.6%	3 0.2%	3 0.2%	6 0.5%	173 14.0%	17 1.4%	243 19.7%	23 1.9%	367 29.7%	442 35.8%
自立施設児	1,670 100.0%	780 46.7%	16 1.0%	2 0.1%	4 0.2%	2 0.1%	225 13.5%	12 0.7%	255 15.3%	36 2.2%	246 14.7%	230 13.8%
乳児院児	3,147 100.0%	889 28.2%	526 16.7%	90 2.9%	87 2.8%	83 2.6%	182 5.8%	67 2.1%	5 0.2%	1 0.0%	41 1.3%	235 7.5%
母子施設児	6,006 100.0%	1,056 17.6%	116 1.9%	20 0.3%	24 0.4%	65 1.1%	268 4.5%	38 0.6%	123 2.0%	65 1.1%	225 3.7%	364 6.1%
ファミリーホーム児	829 100.0%	314 37.9%	24 2.9%	7 0.8%	11 1.3%	17 2.1%	114 13.8%	11 1.3%	59 7.1%	34 4.1%	85 10.3%	119 14.4%
援助ホーム児	376 100.0%	139 37.0%	8 2.1%	－	1 0.3%	－	37 9.8%	3 0.8%	24 6.4%	5 1.3%	24 6.4%	69 18.4%

注：本調査は平成25年度実施のため，「情緒障害児短期治療施設児童」の略として「情緒障害児」と記載
　　されている。
出所：厚生労働省「児童養護施設入所児童等調査結果（平成25年2月1日現在）」2015年，6頁。

ません。薬の管理も職員にとって大切な役割になります。

　児童心理治療施設では一人ひとりの個性を理解し，それぞれに合った個別的な支援が図られています。また，家族への働きかけでは家族面接を実施するほかに，保護者にも施設での治療的関わりを理解してもらうよう，日々の関わりを定期的な面接などを通して伝えていきます。家庭復帰しても何ら家族に変化がなければ子どもはすぐに元に戻ってしまいます。そのようなことができるだけ少なくなるよう家族支援は欠かせません。

　日々の生活は日課に沿って規則正しい生活をしています（図5-4）。余暇の時間もあります。個別の心理面接は週1回くらいのペースで行われています。

②児童自立支援施設

　児童自立支援施設は，全国に58か所（国立2か所，公立54か所，民間2か所）あ

第 5 章　社会的養護の対象・形態・専門職

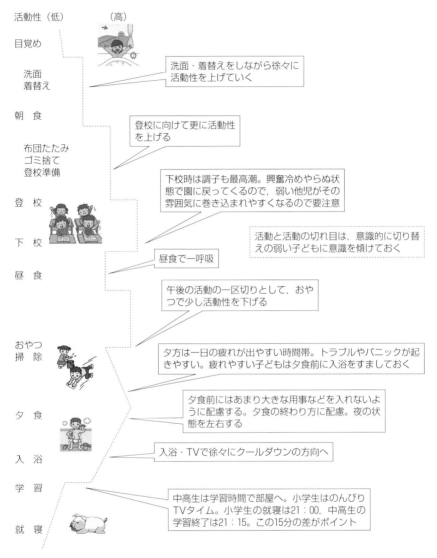

図 5-4　児童心理治療施設の 1 日
出所：厚生労働省「情緒障害児短期治療施設（児童心理治療施設）運営ハンドブック」2014年，36頁。

第Ⅰ部　社会的養護の原理

表5-5　児童自立支援施設の1日の流れの例

平　日		休　日	
6時30分	起床・寮内清掃	7時30分	起床・寮内清掃
7時00分	ラジオ体操 朝マラソン	8時00分	朝食
7時30分	朝食	9時00分	寮作業・学習 余暇時間
8時30分	分校登校	12時00分	昼食
12時15分	帰寮→昼食	13時30分	余暇時間・外出活動
13時30分	分校登校	17時00分	学習時間
15時10分	下校→帰寮 おやつ	18時00分	夕食
16時00分	寮活動 （スポーツ等）	19時00分	余暇時間
17時00分	学習時間	22時00分	就寝
18時00分	夕食		
19時00分	余暇時間		
21時00分	就寝		

出所：筆者作成。

ります。虐待環境で育ち，家庭に居場所がなく，外に自分の居場所を求めて不良行為に至る子どもも，逆に家庭に引きこもる非社会的な子どもも，家庭や社会から孤立し，生きづらさを抱えている点では共通していると言えるでしょう。こうした子どもたちが，社会では失敗で終わっていた体験（人間関係の取り方や物事の捉え方，考え方，対処の仕方等）を，施設という守られた生活の場で繰り返しながら，職員が伴走する形で学び直しをします。児童自立支援施設では，生活支援，学習支援，作業支援，進路支援，家庭調整といった取り組み等を柱に支援しています。家庭調整というのは，その子どもの出身学校や住んでいた地域，家庭との調整のことを指し，その子が地元に戻ったときに生活しやすい環境を関係者と整えていくというものです。

　昼夜逆転の生活や，学校に通わず勉強することから遠ざかっていた子どもが多く，まずは枠組みある規則正しい生活から立て直していきます（表5-5）。運動をして体を動かす心地よさや，新しいことを学び，わかることの喜びを味わえるよう支援が行われます。また，食事は栄養士が献立を考え，調理室で調理されます。3食とも調理室から寮ごとに持ち運び子どもたちで配膳します。

82

第5章 社会的養護の対象・形態・専門職

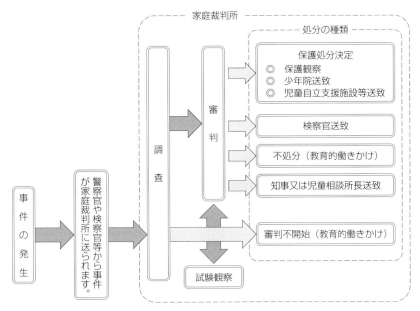

図5-5 少年事件の処分

出所：裁判所ホームページ http://www.courts.go.jp/saiban/syurui_syonen/syonen_syobun/index.html（2019年7月20日閲覧）より作成。

寮で外出が計画されることもあります。「買い物訓練」といってお金の使い方の練習を兼ねた外出もあります。

　児童自立支援施設には，主には児童相談所を経由しての入所になりますが，家庭裁判所の審判を受け，児童自立支援施設への入所が適当ということで入所に至る子どももいます（図5-5）。類似した施設に少年院がありますが，少年院は少年院法にもとづいた矯正教育を授けることを目的とした施設になります。国の管轄機関は児童自立支援施設は厚生労働省であるのに対し，少年院は法務省の管轄となります（表5-6）。

　多くの児童自立支援施設は小舎制です。かつては夫婦が住み込みで自分たちの子どももそこで育てながら支援にあたることが主流でしたが，現在は職員が交代制で支援にあたるところが多くなっています。

83

第Ⅰ部　社会的養護の原理

表5-6　児童自立支援施設と少年院の対比表

	児童自立支援施設	少年院
管轄省	厚生労働省	法務省
根拠法	児童福祉法	少年院法
対象者	不良行為をなし，あるいはなす恐れのある児童，又は家庭環境などの理由により生活指導を必要とする児童	事件を起こした未成年（12-20歳，但し収容者年齢は26歳まで）
施設形態	開放型	閉鎖型

出所：筆者作成。

（3）障害のある子どもたちを支援するための施設

　障害のある子どもたちを支援するための施設は，社会的養護を目的とした施設ではありませんが，児童福祉法や関連した法律や制度にもとづいて，家庭での監護や養育に困難を伴う子どもや家庭の支援を目的として利用されます。

①障害児入所施設

　障害児のための施設には大きく入所型と通所型（児童発達支援センター）があり，それぞれに医療型と福祉型があります。

　入所型にあたる障害児入所施設は，以前は障害種別で利用できる施設が専門的に分かれていましたが，現在はその施設ごとの特徴を生かしながら，障害種別の区別なく利用できるよう一元化が図られるようになりました。日常的に医療ケアを必要とするか否かで福祉型障害児入所施設と医療型障害児入所施設とに区分されます。福祉型障害児入所施設は，知的障害，視覚障害，聴覚障害，肢体不自由，自閉症などの発達に障害のある子どもが利用しています。医療型障害児入所施設は，肢体不自由，重症心身障害，自閉症などの発達障害があり医療的なケアを必要とする子どもが利用しています。

　障害児入所施設での支援は，大きく介護と訓練とに分けられます。障害があるがゆえに自分で身の回りのことができない部分を職員が介助する介護と，できるところは自分でできるようにするためにもっている能力を引き出す訓練とがあります。また，この訓練には，日常生活動作を日々の積み重ねとして行う

ものから，理学療法士や作業療法士などの専門職が行う個別の訓練があります。日常生活場面で支援をすることの多い保育士にも，一定程度の専門的知識が必要となります。

障害児入所施設には，児童指導員や保育士といった日常生活の支援を担う職員のほかに，健康管理等を行う医師，看護師，栄養士，その子どもの身体的機能からもっている能力を見極め訓練にあたる理学療法士や作業療法士などさまざまな専門職が働いています。障害児入所施設では，さまざまな職種との連携が特に重要となります。施設では年間を通じて外出や季節折々の行事などが実施されますが，子どもたちのなかには「寝たきり」や「車いすで移動」という子どももおり，自由な外出が難しいなど行動範囲やコミュニケーション手段も限られます。だからこそ日常生活を支える保育士等には，子どもの小さな変化を察知する感性と，生活のさまざまな場面で彩りと潤いをもたせられるような日々の支援が求められます。

②児童発達支援センター

児童発達支援センターには，身体障害，知的障害，発達障害などの発達の遅れや偏りのある就学前の子どもが家から通ってきます。医療的ケアを必要とするか否かにより福祉型と医療型に分かれます。いずれの場合でも障害のある子どものケアに対して非常に専門的な支援を提供する施設です。障害児のための保育所のイメージをもつかもしれませんが，より個別性が高くかつ小集団で，子どもの障害特性へのきめ細かな配慮が行き届き，全体にゆったりと時間が流れているのが大きな特徴です。

福祉型児童発達支援センターは，乳幼児健診や児童相談所の発達相談などを経て利用につながります。そのため，3歳前後からの利用となります。一方，医療型児童発達支援センターは，出産時に障害がわかっていることが多いことから，0歳児から利用することもあります。いずれも子どもの療育支援にとどまらず，障害受容や関わり方に難しさを感じる母親にとっては専門的な立場にある職員に相談できる場であるばかりでなく，母親同士の情報交換の場ともな

第Ⅰ部　社会的養護の原理

表5-7　福祉型児童発達支援センターの
　　　　1日の流れの例

10時00分	クラス療育活動開始
0時30分	朝の会
11時00分	主活動の時間（クラス単位）
11時45分	給食
13時00分	個別療育
14時00分	おやつ
14時40分	帰りの会
15時00分	クラスの療育活動終了

出所：あるセンターの1日の流れを参考に筆者作成。

表5-8　医療型児童発達支援センターの
　　　　1日の流れの例

10時00分	登園（送迎バス，自家送迎） 健康チェック　水分補給 おむつ交換　排泄介助
10時45分	朝の会 活動　入浴
11時20分	昼食準備　おむつ交換 排泄介助
11時30分	昼食 リラックスタイム
13時50分	活動
14時20分	帰りの準備
14時45分	帰りの会
15時00分	降園

出所：あるセンターの1日の流れを参考に筆者作成。

っており，家族支援も大きな役割なのです。

　地域によっては児童発達支援センターが身近に立地していない場合や通園に長時間を要することなども珍しくはありません。

　例として，福祉型児童発達支援センターの1日の流れを表5-7に示しておきます。表に示されている，「主活動」はクラス単位で行います。そこでは，お絵かき，ルールのある遊び，製作，運動サーキット，リズムなど幅広い活動をします。また，個別療育では本人の力に合わせ生活動作の課題や学習課題などを設定し，職員と1対1で行います。クラス単位の主活動と個別療育が相互に補完し合う活動になります。なお，クラスは，全体33人を11人1クラスの3クラスに分け，職員3人で担当します。

　また，医療型児童発達支援センターの1日の流れも表5-8に例示しておきます。まず，登園時の健康チェックでは個々に応じてバイタルチェックなどを行います。この時点で体調不良がわかると保護者に連絡をして迎えに来てもらいます。活動では，エアトランポリンやボールサーフィンなどの感覚遊びを，個々の状態に合わせて取り組めるよう工夫をして行います。四季折々の製作も取り入れています。このセンター

では，昼食準備のときに看護師がメインとなって胃ろう注入の準備にあたります。薬の管理もあり，2重チェックを徹底しています。午後のリラックスタイムではゆったりとした時間を過ごせるよう，音楽を流したりアロマを焚いたり，足浴，手浴などの工夫をしています。ポジショニングといって姿勢ケアを行います。医師による定期的な診察もあり，多くの専門職がスタッフとして活動に参加しています。

③障害者施設

　保育実習では障害者施設に行くこともありますので，ここで少し触れておきましょう。障害者施設では，主に知的障害や身体障害のある方々に対して，日常生活上の支援を行ったり，就労支援を行ったりしています。そのひとつに障害者支援施設があります。障害者総合支援法（障害者の日常生活及び社会生活を総合的に支援するための法律）第5条第11項で「施設入所支援を行うとともに，施設入所支援以外の施設障害福祉サービスを行う施設（のぞみの園及び（…中略…）厚生労働省令で定める施設を除く。）」と定められています。ほかに，障害福祉サービス事業といって，同法第5条第1項で「障害福祉サービス（障害者支援施設，独立行政法人国立重度知的障害者総合施設のぞみの園（…中略…）その他厚生労働省令で定める施設において行われる施設障害福祉サービス（…中略…）を除く。）を行う事業」と定められている事業があります。障害者支援施設での実習は，障害のある子どもの将来的な姿を知ることから，幼児期の保育・支援のあり方を見つめるよい機会となります。

（4）アドミッションケアからアフターケアまで

　施設養護では，入所前から退所後に至るまで，アドミッションケア→インケア→リービングケア→アフターケアという4つの形態をとって一貫した支援が行われます。

　子どもが児童相談所の一時保護所に保護され，入所に至る前後の支援をアドミッションケアと言います。保護された後，これからどうなるのか不安を感じ

第Ⅰ部　社会的養護の原理

ている子どもに対して，児童相談所と連携し今後のことを説明したり，施設を見学したり，施設の職員と会って話をするといったことがこれにあたります。「自分が施設に行くのは悪いことをしたからだ」「自分に非があるに違いない」などと自責的になる子どもは少なくありません。その思いを少しでも払拭するために，可能な範囲で子どもに伝わるよう入所の理由を説明することもアドミッションケアの一つになります。

　次いで行われるのがインケアです。施設入所後の日常生活の支援全般のことを指します。「おはよう」の挨拶から始まり，身支度を整え，彩り豊かで季節感のある温かいもの冷たいものがそのままに提供された食卓を囲むこと，「いってらっしゃい」の大人の言葉を受けて学校や幼稚園に通うこと，「ただいま」「おかえりなさい」を交わし出迎えてくれる大人がいること，一緒に遊んだり宿題を一緒に考えたりしてくれること，学校の出来事や愚痴を聞いてくれる大人がいること，お風呂に入り，「おやすみなさい」と言って清潔でふわふわの布団で就寝すること，こうした「当たり前の生活」を実現するのがインケアです。

　退所を前に取り組まれるリービングケアは，施設を離れてからの生活ができるようにすることを目指したさまざまな準備期間と言えます。施設を離れるといってもいくつかパターンがあります。1つは家庭復帰をする場合，2つ目には他施設へ措置変更になる場合，3つ目には高校を卒業し自立する場合，があります。それぞれで退所前に取り組む支援は少しずつ異なります。親子の面会や学校の先生との面会を重ね，心の準備をしたり，約束事を交わすといったことや，次の施設の職員と面会をしたり，一人暮らしの練習をするなどと，実にさまざまです。また，いずれであれ，これからも施設で築かれた職員との関係は続くことをメッセージとして伝えていくのも大切です。困ったことに遭遇したときに，ここに戻ってくれば，あるいはここに連絡をすれば，助けてくれる大人がいるのだということを伝えていくこともリービングケアの大切な取り組みなのです。

　最後がアフターケアです。施設を離れた後の生活は，先ほどの3つのパター

88

第5章　社会的養護の対象・形態・専門職

ンによっても異なります。たとえば家庭復帰をした場合，必ずしも安定した家での生活があるわけではありません。あるいは親の後ろ盾もなく高校を卒業したばかりの年齢での一人暮らしにはさまざまな困難が立ちはだかることは，容易に想像できます。これらの困難を共に考えてくれる存在としてアフターケアがあります。しかし，退所者は毎年いて，それに対して職員が増員されるわけではありません。また，施設で共に生活しているなかで子どもたちは職員の多忙さを目の当たりにしていますから，相談しにくく感じることもあります。このようなことから，アフターケアが十分に機能しきれていない現状があります。

第4節　社会的養護に関わる専門職

（1）生活場面に携わる専門職

　生活場面で直接子どもの支援に携わる職員は，子どものもっとも身近な存在として，遊び相手であり，相談相手であり，大人としてのモデルです。そして，ここぞというときに子どもの代弁者として，子どもが言葉にできないこと，言葉にしないことを関係者に伝えていける，そのような存在であることが求められます。

①保育士

　社会的養護の施設で働く保育士は，子どもの衣食住に関する生活全般のすべての業務を担っています。指導員と共に，施設で生活する子どもたちが一般家庭の子ども同様に，幼稚園や学校，地域に根づいた生活を送れるよう，さまざまな活動にも参加します。それだけでなく，子ども一人ひとりの抱える課題や家庭の事情，生育歴等を考慮し，ときに見守り，共に悩み考え，ぶつかり合いながら，子どもを支えていきます。子どもにとっては一番身近な存在です。

②児童指導員

　児童指導員は，社会的養護の施設で働く専門職です。「児童福祉施設の設備

89

第Ⅰ部　社会的養護の原理

及び運営に関する基準」の第43条のなかで，児童福祉施設の職員を養成する学校を卒業した者，大学の学部で社会福祉学や心理学，教育学，社会学を修めた者，小・中・高等学校の教員資格を有する者，3年以上の児童福祉事業に従事し都道府県知事が適当と認めた者など，10の資格要件が掲げられています。

　生活面全般の指導にとどまらず，授業参観の参加や地域の子ども会への協力などは保育士と協力して行い，さらに対外的なところで児童相談所や幼稚園，学校，地域との関係調整を担っており，保育士と同じくらいに子どもにとって身近な存在です。

③児童自立支援専門員・児童生活支援員

　児童自立支援専門員は，「児童福祉施設の設備及び運営に関する基準」第80条に「児童自立支援施設において児童の自立支援を行う者」とされ，その第82条では，児童自立支援専門員を養成する学校を卒業した者，大学の学部で社会福祉学，心理学，教育学，社会学を修めた者など，8つの資格要件が示されています。児童生活支援員は，「児童自立支援施設において児童の生活支援を行う者」（同第80条）とされ，保育士資格を有していることや，3年以上児童自立支援事業に従事した者等（同第83条）の資格要件が示されています。いずれも，児童自立支援施設の5つの柱である生活支援，学習支援，作業支援，進路支援，家庭調整を担っています。子ども一人ひとりの背景を考慮し，何事をもそしていつでも子どもと共に，子どもの伴走者として日々励んでいます。

④家庭支援専門相談員（ファミリーソーシャルワーカー）

　家庭支援専門相談員は，「児童福祉施設の設備及び運営に関する基準」第42条第2項で，社会福祉士もしくは精神保健福祉士の資格を有する者，児童養護施設において5年以上従事した者といった資格要件が示されています。乳児院，児童養護施設，児童心理治療施設，児童自立支援施設に配置されており，入所している子どもの保護者等に対し，児童相談所との密接な連携のもとに電話，面接等により児童の早期家庭復帰，里親委託等を可能とするための相談援助等

第5章　社会的養護の対象・形態・専門職

の支援を行います。

⑤里親支援専門相談員（里親支援ソーシャルワーカー）

　里親支援専門相談員は，社会福祉士もしくは精神保健福祉士の資格を有する者，児童養護施設等において5年以上従事した者で，里親制度への理解およびソーシャルワークの視点を有するといった資格要件があり，乳児院と児童養護施設に配置されています。里親委託の推進と，里親支援の充実が図られるなか，その役割は，児童相談所の里親担当職員，里親委託等推進員，里親の会などと連携して，入所している子どもの里親委託の推進，施設を退所した子どものアフターケアとしての里親支援，所属施設から退所した子ども以外を含めた地域支援としての里親支援などを行うこととなっています。

⑥個別対応職員

　個別対応職員は，虐待を受けた児童等の入所が増えたことから配置されるようになりました。つまり，虐待を受けた児童等に手厚い対応をとることが目的です。特に資格要件は示されてはいませんが，社会的養護関連施設等で培った豊富な知識と経験が必要と言えます。配置される施設としては，虐待を受けた児童の生活を支え，自立を目指すということから児童養護施設，乳児院，児童心理治療施設，児童自立支援施設が対象となり，配偶者からの暴力等により特別な支援を行う場合には，母子生活支援施設もその対象となります。

　「個別対応」とあるように，対象となる児童に対して個別面接や生活場面での1対1の専門的な対応，対象児童の保護者への援助などを行います。

（2）生活場面以外に携わる専門職

①心理療法担当職員

　心理療法担当職員は，「児童福祉施設の設備及び運営に関する基準」の第42条第4項や第73条第3項，第80条第4項などで，大学の学部で心理学を修めた者で個人および集団心理療法の技術を有する者などの資格要件が示されており，

91

第Ⅰ部　社会的養護の原理

乳児院，児童養護施設，母子生活支援施設，児童心理治療施設（必置），児童自立支援施設に配置されています。

　虐待等による心理的外傷等のため，心理療法を必要とする子ども等に遊戯療法，カウンセリング等の心理療法を実施し，安心感・安全感の再形成および人間関係の修正等を行います。このほかに，施設職員への助言指導や施設内外で行われるケース会議などへの出席もあります。職員への助言指導やケース会議では心理所見を伝え，居合わせた職員全体で子どものことを共有し支援に役立ててもらうよう働きかけを行います。

②その他の専門職

　生活の場である施設は，子どもの成長や健康に直接関わります。そのため，施設形態によって子どもの食生活や健康面を支える専門職として，栄養士や調理員，看護師を配置している施設もあります。

　何らかの事情を抱えた子どもたちを支える生活の場だからこそ，栄養管理の行き届いた，彩り豊かで季節感にあふれた食事を提供し，マナーを守って食することの意味は大きいのです。同じように，心身の健康への配慮のもと，不調の訴えに手当てがあり，見守られる安心感を得ることは，子どもらしい子どもとして生活するうえで欠かせないものと言えます。そしてそれらは，将来自立した生活を築いていくための日常のなかでの学びとなっているのです。

　障害児入所施設や児童発達支援センターには，理学療法士や作業療法士なども配置されています。より専門性が高く，それぞれの専門性を活かし，情報交換と連携が欠かせません。

📖さらに学びたい人のために

○渡井さゆり『「育ち」をふりかえる──「生きてていい」，そう思える日はきっとくる』岩波書店，2014年。

　　社会的養護の当事者である著者渡井さんは，大学進学を果たしその後，児童養護施設などで生活した人たちが集える場「日向ぼっこサロン」を立ち上げました。そんな渡井さんが自分自身の幼少期からの育ちを振り返り，まとめた一

冊です。当事者である渡井さんの生き様をリアルに感じることができます。

○田淵俊彦・NNN ドキュメント取材班『発達障害と少年犯罪』新潮社，2018年。

発達障害は少年犯罪と結び付けて受け取られることがあるのではないかと思いますが，その発達障害に対する誤解を解くものです。児童精神科医の杉山登志郎さん，宮口幸治さん，元家庭裁判所調査官の藤川洋子さんらから提供を受けた貴重で専門的な資料がだれが読んでも理解できるようかみ砕いてわかりやすく引用されています。さらには実際の医療少年院でのインタビューも会話形式の言葉がそのまま記され，興味深く読み進めることができます。

○高橋亜美・早川悟司・大森信也『子どもの未来をあきらめない　施設で育った子どもの自立支援』明石書店，2015年。

施設で育った子どもたちの生の声がそのまま何篇も載っています。そして1篇ごとに，専門的な立場から著者の3名が「かかわりのポイント」として解説をしています。「実際の施設がここにある」「これも現実」と感じさせられます。

○黒川祥子『誕生日を知らない女の子　虐待──その後の子どもたち』集英社，2015年。

著者が実際にファミリーホームに数日間泊まり込み，そこで生活する子どもと事業者夫婦と寝食を共にし，見たこと聞いたことをまとめたものです。この本を執筆するにあたり，児童精神科医杉山登志郎さんの働く病院を訪ね，被虐待児の背負う心の傷がいかなるものかを綿密に調べました。ファミリーホーム事業について，被虐待児の実際の姿について理解が深まる一冊です。

［小菅ゆみ］

第6章

社会的養護の現状と課題

● ● ●

第Ⅰ部の最後の章となる第6章では，日本で生活する子どもたちの生活と社会的養護についてもう一度考えてみます。日本の子どもたちが，今どんな生活をしているのか，子どもが成長発達するために必要な社会環境として，社会的養護はどう関わっていくのか，そして施設養護を取り巻く地域との連携について考えます。そこで第1節では「社会的養護に関する社会的状況」について概観し，第2節では「施設の運営と管理」について確認していきます。また第3節では「社会的養護に関わる虐待防止・権利擁護」として，子どもの権利と近年大きな課題の一つとなっている施設内虐待について考えます。最後に第4節では「社会的養護の視点からみた地域福祉」として，「地域社会と子ども」「地域との連携・協働」について考えます。

キーワード▶低賃金，離婚，貧困，虐待，権利擁護，措置と利用（契約），施設内虐待，連携・協働

第1節　社会的養護に関する社会的状況

　社会的養護とは，社会が子どもを守り，成長と発達を保障していくことです。子どもが成長し発達するに相応しい環境をつくること，それは現代社会の矛盾や問題を知り，解決するための仕組みをつくることです。社会の問題を知り，社会的養護としてどう対応しているのかを学んでいきます。

（1）子どもが暮らす現代社会の課題

　世界の多くの国は資本主義の国々です。日本の社会に限らず世界的規模で資本主義の国々の仕組み，制度がより企業の論理を優先したシステムに変化して

第Ⅰ部　社会的養護の原理

きています。そのため日本では，勤労世帯の収入減が続いています。それは企業による度を越した利益優先によるものです。利益のためにより安い賃金と合理的な生産拠点を求めていくグローバリズムや正規雇用者を減らして非正規雇用者を増やし，正規・非正規への労働強化によって利益を上げています。ブラック企業・ブラック職場が増えているのもこのためです。企業の利益優先は，世界の富が世界の人口の１％の人に集中していると言われるようにまでなっています。そして，若い世代から高齢者まで貧困世帯が増加し，とりわけ子どもの６人に１人が貧困状態にあるのが日本の現状です。

　勤労世帯の収入の減少により，共働きの世帯が増加しています。また低賃金のため，結婚や子育てをあきらめる若者が増えています。このように，家族や子育てのあり方も変化させられてきています。また当然，経済的な理由で出産後もすぐに働かなければならない人も増加しており，少子化社会で出生数が減少しているにもかかわらず保育所が足りないという，一見矛盾しているような事態も起こっています。また一方では，保育士の労働条件の悪化から，保育士が足りないという状況もあります。学齢期の児童においても，いずれ減少する子どもの数に合わせて，正規職員を増やせず非正規職員がクラスの担任を受けもつ状況もあります。

　労働条件の悪化は，虐待や過労死の要因にもなっています。少しでも賃金を上げるため，役職を上げるために，時間外労働を増大させ，体や心を疲れさせていきます。その結果，子どもや家族にあたってしまう。ストレスによる「うつ」などの精神疾患の発症や過労死に至るなど家庭生活を維持できなくなる状況が生まれるのです。つまり，日本の社会システムによって社会的養護の主要な要因となる，親の離職，病気，精神疾患，離婚，虐待，DV，死別，家庭の崩壊に至るケースが多数起きています。

　こうした状況に就職時の既卒と新卒の区別，女性差別，障害者差別の問題が追い打ちをかけます。一度仕事を離れるとなかなか再就職できません。女性の場合にはさらに再就職率は低下します。子育て中の女性は，子どものために会社を休むなどが多いと思われ，企業側が雇用を渋ることによります。

96

第**6**章　社会的養護の現状と課題

　日本では非正規雇用の労働者数は高止まりしたままです。この人たちの暮らしは，生活保護以下といわれ，本来行政の救済対象ですが，若い，あるいは働いているなどのために支援を受けられない。制度そのものを知らない。そして生活保護を受けている人に対する「国に世話になっている」などといった中傷などのため，受けづらいなどがあります。また生活保護を受給していても，まったく余裕がなく苦しい生活が続き，子育て世帯では十分に子どもの生活と成長・発達を保障できない大変苦しい状況にあります。また貧困のため，またそれを隠したい人は，人の目に触れないように社会から孤立した生活をしています。こうした孤立した人を支援に結びつけることも重要です。貧困などの多くの問題を抱えて生活している，そういう社会がいま日本にあります。

（2）日本の社会から見た社会的養護の必要性

　2016年，日本では婚姻件数が約62万件だったのに対して，同年の離婚件数は約21万7,000件でした。さらに，その離婚件数のうち未成年の子がいる離婚は約12万6,000件となっており，離婚する家庭の6割近くは子どものいる家庭ということになります。そして離婚する家庭の母親の年齢は，25〜29歳が14.7％，30〜34歳が18.3％，35〜39歳が17.1％と子育て世代とされる20代〜30代で約半数（50.1％）を占めています。また，離婚後の親権については，84.4％が「妻が全児の親権を行う」という結果になっています[*1]。

　そもそも日本の女性が離婚後貧困にあえぐ理由として，結婚出産によって，半数近い人が働きたい意思があっても離職を選択したことによります。2010〜2014年に第一子を出産した既婚女性のうち，出産後継続して仕事についている人は全体の53.1％であり，約半数が出産後に離職しているというのが現状です。そのなかで，「仕事を続けたかったが，仕事と育児の両立の難しさでやめた」と回答した人（正社員）の主な離職理由としては，「勤務時間があいそうになかった」（47.5％），「自分の体力がもたなさそうだった」（40.0％），「育児休業を取

＊1　厚生労働省「平成30年　我が国の人口動態——平成28年までの動向」2018年。

第Ⅰ部　社会的養護の原理

れそうもなかった」（35.0％）が上位を占め，そのほかに「職場に両立を支援する雰囲気がなかった」（25.0％）や「保育園等に子供を預けられそうもなかった」（17.5％）となっています[*2]。

　これらの調査を見てみると，日本の社会では女性が仕事を続けながら子育てしていくことは大変な困難があることがわかります。先にも述べたように，一度離職すると，女性の正規職員としての再雇用は難しい状況にあります。なかでも子育て中の女性は，非正規職員やパートの職以外に働く場を見つけるのが難しいといえます。しかし，低賃金でも生活のために働かざるを得ないというのが現状です。ひとり親家庭のとりわけ母子家庭は貧困に陥りやすい状況にあり，社会的養護を必要とする場合が多いといえます。

　また，近年増加傾向にあるのが児童虐待です。

　虐待増加の要因としては，特に身体的虐待などは，親のしつけとして容認されていましたが，近年，身体的苦痛を伴う親の懲戒権を認めない方向になっています。虐待という行為は虐待する側に問題があるのは当然です。しかし，一方で子育てがわからず，追い込まれて虐待をしてしまう親がいるということもあります。

　厚生労働省では，虐待が起きるリスク要因として次のような要因をあげています。①保護者側のリスク要因として，妊娠，出産，育児を通して発生するものや，保護者自身の性格や精神疾患等の精神的に不安定な状態に起因するもの，②子ども側のリスク要因には，乳児，未熟児，障害児など，養育者にとっての何らかの育てにくさ，③養育環境のリスク要因としては，家庭の経済的困窮と社会的な孤立，ひとり親家庭や内縁者・同居人がいて安定した人間関係が保てていない家庭，親族などの身近なサポートを得られない家庭，生計者の失業や転職が繰り返される家庭，夫婦の不和，配偶者からの暴力（DV）など，④その他虐待のリスクが高いと想定される場合として，妊娠届が遅いことや母子健康手帳の交付を受けていない，妊娠中に妊婦健康診査を受診していないことな

＊2　内閣府『少子化社会対策白書（令和元年版）』日経印刷，2019年。

第**6**章　社会的養護の現状と課題

どや，きょうだいに虐待がある場合などがあげられています[*3]。なお，子どもが直接 DV を見ることは，子どもに対して精神的なダメージを与えることから，家庭内での DV は心理的虐待の一つに数えられています。

　こうしたリスク要因を家庭のなかから排除し，虐待に向かうきっかけを減らしていく必要があると考えられています。総合すると，現代社会において，すべてが自己責任とされ，支援を受けることが恥ずかしいといった風潮などがあることに大きな問題があるといえるでしょう。本来人は社会的な生き物であり，人や社会との関係は切り離すことができません。しかし人間関係の希薄化が進み，社会から孤立して，助けを求めることもできず苦しんでいる人がたくさんいるのです。なかでも，女性や子どもがその犠牲となっています。このように，現代社会では，環境や社会を変える社会的養護の必要性が高まっているのです。

　では，その社会的養護は，どのようなシステムのもとで提供されるのでしょうか。次に，社会的養護の中心的な役割を果たしてきている各種施設がどのように運営され，提供されるのかということを見ていきましょう。

第2節　施設の運営と管理

　日本の社会福祉は，社会福祉基礎構造改革以降，どこにいても，同じような質の高いサービスが受けられるように，サービスを選択する制度に改められてきました。また選択されるにふさわしい施設づくりを目指して運営されています。社会的養護に関わる施設はその性格から措置制度のもとに運営されている施設があります。これらの施設がどのように運営され管理されているのか見ていきます。

（1）施設の運営主体
　施設の設置・運営主体は大きく分けて2種類あります。1つ目には公的な機

＊3　厚生労働省「子ども虐待対応の手引き（平成25年8月改正版）」2013年。

第Ⅰ部　社会的養護の原理

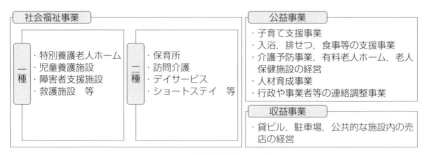

図6-1　社会福祉法人の概要
出所：厚生労働省「社会福祉法人の概要」(https://www.mhlw.go.jp/seisakunitsuite/bunya/hukushi_kaigo/seikatsuhogo/shakai-fukushi-houjin-seido/01.html) より。

関が設置する公設の施設です。公立といわれ，国や県，市町村が設置した施設です。公立の施設で，運営を同じ国や県，市町村が運営している施設を公立公営といっています。公立の施設でも，直接の事業運営を設置した自治体ではなく民間が実施している施設があります。これを委託といい，こうした施設を公設民営といいます。2つ目には民間の組織がつくり運営している施設を，民設民営と言います。

　ここでいう民間の組織として，社会福祉法人，医療法人，学校法人，NPO法人，営利法人などがあります。社会福祉法人ですが，社会福祉法第22条で「社会福祉事業を行うことを目的として，この法律の定めるところにより設立された法人」と定義されています。そして，同法第24条では，社会福祉事業を行う組織としての社会福祉法人について，どうあるべきか定めています。また図6-1にあるように，社会福祉法人は公益事業と収益事業を行うことができます。そして，医療法人は病院を経営するために，学校法人は学校を運営するためにつくられ，法律によって同様に規定されていますが，社会福祉関連の一部の施設を運営することもできます。

　NPO法人は特定非営利活動法人といい，特定非営利活動促進法において規定された法人です。非営利を原則としています。このほかに営利法人があります。社員権（株式）を有する株主の委託を受けた経営者が事業を行い，利益を株主に配当する仕組みの企業のことです。営利活動が目的の企業が運営します。

第**6**章　社会的養護の現状と課題

このほかに公益法人などがあります。運営主体によって運営内容や運営方法が違うことがあります。

　また，社会福祉事業は図6-1にあるように，社会福祉法に定められている第一種社会福祉事業と第二種社会福祉事業に分けられています。

　第一種社会福祉事業は，原則公共団体（行政）か社会福祉法人が運営できると定められています。保育所や放課後等デイサービスなどは第二種社会福祉事業に入ります。設置したところ，運営しているところによって，同じ児童福祉施設でも支援や設備が異なってくることがありますが，施設ごとに大きく異ならないように，社会福祉法や児童福祉法によって運営の基準が決められています。また厚生労働省の省令「児童福祉施設の設備及び運営に関する基準」によって種別ごとに最低基準が示され，さらに最低基準を県が条例で定めることになっています。県には最低基準を引き上げる努力義務が課されています。

（2）施設の運営

　施設の運営にかかる費用は利用者が支払う利用費と行政（国や県・市町村）が負担する公費で賄われます。運営にかかる費用はその施設の利用の方法によって変わります。この利用方法等について説明します。

①保育所等の利用

　保育所，母子生活支援施設，助産施設は選択利用方式（保育所方式）という行政との契約によるものです（図6-2参照）。利用者が希望する施設を選択し，地方公共団体に利用の申込みをします。地方公共団体は利用者が選択した施設に対しサービス提供を委託します。なお，利用の申込みについては，母子生活支援施設と助産施設は福祉事務所となり，保育所は市町村となります。

②児童養護施設等の利用

　措置制度（図6-3参照）による施設は，児童養護施設，乳児院，児童心理治療施設，児童自立支援施設などの施設の利用方法です。利用者の要望の可否と

IOI

第 I 部　社会的養護の原理

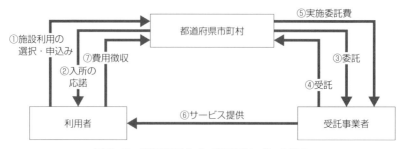

図6-2　選択利用方式（保育所方式）の流れ
出所：仲村優一ほか（監修）『エンサイクロペディア社会福祉学』中央法規出版，2007年を一部筆者改変。

ともに，主に行政がサービスの必要性あるいはその可能性があると判断した場合，その量と方法・場所を行政処分として決定して実施あるいは提供するものです。措置利用は行政にその責任が問われるとともに，判断の有無や緊急性が高いなど利用制度に馴染まないものが措置制度として運営されています。たとえば保護者から DV や虐待を受けている児童は，利用の判断を虐待している親がすることになり，子どもの最善の利益を優先するとは考えられません。そのため，児童養護施設などは行政が判断し適切に措置する措置制度（措置方式）として運営されています。

　①相談というのは，児童委員，保育士などによって保護すべき対象となる児童が発見され通告された場合，あるいは対象児から措置権者である都道府県や市町村に直接相談があったなどが考えられます。②措置権者は相談や通告に対して措置を決定した場合，そのことを対象となる本人に伝えます。また措置権者は，③受託先となる事業所に措置委託をします。受託事業所は④受託の旨を措置権者に伝えます。措置の受託が決まると⑤定期的に措置委託費が受託した事業者に渡されます。通常，措置費と言われています。受託事業所は，⑥対象者（子ども）にサービスを提供します。児童養護施設など入所型の施設であれば入所となります。

第6章　社会的養護の現状と課題

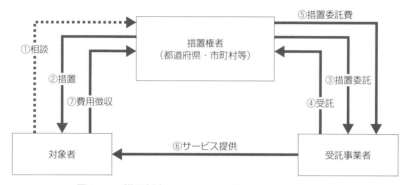

図6-3　措置制度におけるサービス利用手続きの流れ
出所：仲村優一ほか（監修）『エンサイクロペディア社会福祉学』中央法規出版，2007年を一部筆者改変。

③障害児施設等の利用

障害児施設は障害児施設給付費による利用契約制度となっています（図6-4参照）。保護者は，①障害児通所支援の場合は市町村に，障害児入所支援の場合は都道府県に支給申請を行い，支給決定を受けた後，利用する施設と契約を結びます。

利用者から①障害児施設給付費の支給申請が都道府県，市町村などに提出された場合，②支給決定が都道府県や市町村から出されます。その際には，どのようなサービスが良いのか判定が行われます。

障害認定利用児はその決定をもとに事業者とどのようなサービスをどのように受けるのか，障害児支援利用計画やサービス等利用計画の策定が行われます。この計画をもとに③契約が行われ利用児に対してサービスの提供が行われます。現在障害児入所支援，障害児通所事業所などにおいて，利用契約の際に障害認定を受けなくても児童相談所，市町村保健センター，医師等により療育の必要性が認められた児童には，利用が認められています。乳幼児の場合，障害の有無を判断することが難しい状況があるためです。

なお，児童福祉施設およびその他の社会福祉施設は，給付費や措置費，利用料が運営費となります。この運営費によって，働いている人の待遇や施設の備

103

第Ⅰ部　社会的養護の原理

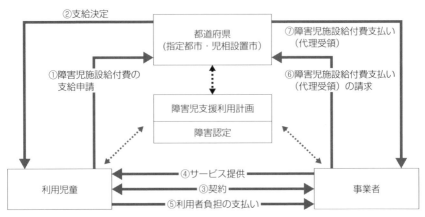

図6-4　障害児施設給付の仕組み
出所：厚生労働省「障害者自立支援法施行関係」を筆者一部改変。

品などが用意されていきます。

　利用の際の障害児支援利用計画の作成ですが，作成は「指定特定相談支援事業所」，「指定障害児相談支援事業所」の相談支援専門員が作成します。本人や家族，支援者が作成することもでき，これをセルフプランと言います。これとは別に各事業所内においては，利用計画やセルフプランをもとに事業所での個別の支援計画が作成されます。作成はサービス管理責任者が行います。

第3節　社会的養護に関わる虐待防止・権利擁護

　社会的養護に関わる現代社会の問題や施設の運営などを考えるうえで，「権利」を守るという視点は欠かせません。そこで，本書第1章や第3章など他の章でも学んできましたが，ここでも改めて権利擁護ということを考えてみたいと思います。

(1) 入所(利用)児童の権利擁護

　私たちが守らなければならないことは，障害があっても子どもであっても人

第**6**章　社会的養護の現状と課題

> ┌──── コラム　優れていることと自己決定 ────┐
>
> 　「子どもは成長発達の途上で判断能力が劣るので，親や大人が代わって判断
> してあげなければならない」ということを言う人がいます。「子どもは黙って
> いなさい」といった具合に。それでは知的障害など障害のある人はどうでしょ
> う。判断能力が劣るのかもしれません。行動が遅いのかもしれません。電車に
> 一人で乗れないのかもしれません。その人たちは一生黙っている必要があるの
> でしょうか。自分のしたいことを言ってはいけないのでしょうか。障害のない
> 成人の方はどうでしょう。すべてが優れているのでしょうか。どこまで優れて
> いると，自己決定できるのでしょうか。子ども，障害のある人，一般と言われ
> る成人の人……，人としての違いって何でしょう。能力は何のためのものでし
> ょう。能力比較は必要なのでしょうか。

として尊ばれることが最低限守られなければならないということです。基本的
人権はすべての人が守られるべきもので，どんな人でも生きて存在していると
いうことが重要なことだからです。なかでも子どもには，成長と発達の途上で
あるという特徴があります。それは時に未熟さを表すものです。未熟さは程度
ではなく，まだ成熟には至っていないという過程をいっています。未熟だから
判断ができないということではありません。

　「児童憲章」（1951年）では，「児童は，人として尊ばれる」「児童は，社会の
一員として重んぜられる」として，基本的人権をもつ者と規定しています。そ
して「児童は，よい環境のなかで育てられる」として，成長と発達する権利を
社会が保障することを，規定しています（本書第1章参照）。

　また，1989年には「児童の権利に関する条約」が国連において採択されまし
た（日本は1994年に批准。本書第1章，第3章参照）。同条約では，第2条において，
国，人種，宗教，障害，性の違いなどによる差別を禁止し，第3条では，措置
の原則として「子どもの最善の利益」が主として考慮されるものとするとして
います。また，第12条では，自己の見解をまとめる力のある子どもに対して，
影響を与えるすべての事柄について自由に自己の見解を表明する権利（意見表
明権）を確保することを規定しています。第18条では，親の養育責任と親への

105

第Ⅰ部　社会的養護の原理

国の支援，援助について規定し，さらに第19条では，監護を受けている間における虐待からの保護について規定しています。そして第28条では教育権について規定しています。このように「児童の権利に関する条約」は，すべての人が保障されるべき基本的人権や尊厳について述べるとともに，子どもの権利として，新たな方向としての最善の利益，意見表明と尊重について述べています。十分な理解を図り，支援・援助の際に，考慮する必要があります。

（2）施設内の虐待

　児童福祉施設には，個々それぞれに問題や生活上の困難を抱えた子どもたちが利用あるいは措置されています。施設においてはそのような子どもたちを支えるために専門的な支援をする人が配置され，また外部の専門家との連携がとられています。残念なことですが，施設で適切な対応をすべき職員が虐待と思われる行為，あるいは基本的人権を侵害する行為等を行ってしまうことがあります。このことを施設内虐待（被措置児童等虐待）といっています。「被措置児童等虐待事例の分析に関する報告」[*4]では，虐待が起きる要因を4つ提示しています。①子どもの行動を理解することの課題，②組織及び里親の家庭状況の課題，③職員等の課題，④児童相談所（措置機関）の課題，を示し発生の予防についてまとめています。

　特に①は職員や里親が子どもの特性を十分に理解できない，あるいは対応に苦慮している職員側の問題があげられています。この問題は，保育所や幼稚園などにおいても共通の課題といえます。一生懸命話をしているのに，どうして。子どもの意図しない行動に苛立ちや怒りを感じ，少しずつエスカレートしてしまう。その結果，虐待に近い状況に至るケースもあります。そこには「先生は偉い」「子どもは先生の指示に従うべき」といった間違った優位性があります。子どもの発達上の課題への対応が見出せない，体罰容認などの誤った権利観や養育方法など③にある職員の課題でもあります。また施設の職員は，給与が低

＊4　厚生労働省・社会保障審議会児童部会社会的養護専門委員会被措置児童等虐待事例の分析に関するワーキンググループ「被措置児童等虐待事例の分析に関する報告」2016年。

第**6**章　社会的養護の現状と課題

> ┌────── コラム　グレーな支援 ──────┐
>
> 　職員は子どもや利用者との関わりのなかで，言葉がけなどで迷うことがたくさんあります。現時点ではその方法しかない，他の方法が見つからない，少しおかしいかな，と思いつつやってしまう。そんな支援のことをグレーの支援ということがあります。施設内で議論をしたけれど，他に方法がなく仕方がない。どんなに議論してもこの方法しかない。そんなときがあります。他の人も言っていた，やっていた，私だけじゃない，というときもあります。いろいろな場面で，みんなで点検をしていかないといつの間にかグレーの支援ばかりになってしまうことがあります。
>
> 　また，自分の権利が気づかないうちに侵されているときには，そのまま弱い立場の子どもや利用者に間違った支援をしてしまうことがあります。このようなことを避けるためにも，経験だけに頼らず学び続けることが大切になります。また，日常的に他の専門職と連携することが救いの道となります。
>
> └──────────────────────────────────┘

いと言われています。それは社会的地位と同じだと捉え，賃金が高い人が成功者だと考えてしまう。そんな生き方ではなく，生きがいをもって，子どもたちのために働く崇高な職についていることに誇りをもち働くことが素晴らしいのではないでしょうか。自分を偉く見せる必要はなく，子どもらが幸せになる，無事に成長・発達することを支えることを第一義的に考えることが大切なのです。

　自由度とは自らの仕事を自分で組み立てる権限のことです。仕事に創意と工夫ができることです。施設内の職務上で自由度の低い人は，精神的な疲労感を感じることが多いようです。また精神的な疲れから苛立ちをつのらせていきます。こうした積み重ねが虐待につながる危険があります。施設や事業所においては，仕事上の疲れが溜まらないように人員を増やし，相談場所などを用意するなど，一人に過大な業務や責任を負わせない体制の整備をしていくことが求められています。

　虐待予防にはまずは予防のための知識，体制づくりが必要となります。どんなことが虐待なのかを全員で確認し，どのような支援に変えることができるの

107

第Ⅰ部　社会的養護の原理

か議論していく必要があります。そのためには，個々の利用者を知ること，支援のための知識を増やし支援する力をつけていくことが求められます。

　施設内の虐待は，予防と早期発見，対応の3つの視点が必要です。

第4節　社会的養護の視点から見た地域福祉

（1）地域社会と子どもの生活

　地域社会とは本来どのようなものだったのでしょうか。現代社会では，地域との結びつきの少ない生活は，気が楽で快適な生活であると考える人が多くいます。人々が干渉されず自由になったと感じる反面，人との関係が希薄化した地域社会はさまざまな問題を引き起こしています。

　人は社会的な生き物です。社会から離れては生きていけず，また多くのことを社会から学んでいます。近年，共働きや労働環境の悪化によって，子どもが家族と触れ合う時間が少なくなっています。文化の習得は，家庭の教育力だけでは限界があります。また学校だけでも伝えきれない状況があります。子ども集団を含めた地域は，モラルやルールの習得の場であり，互いの関係を知る場でした。少しずつ家族集団から地域集団に関心を移していくことは，健全な発達の証でもあります。子どもと親の関係は，年齢が上がるにつれて少なくなっていきます。子どもの身体的な成長発達とともに行動範囲が広がり，母親との関係だけでは得られない体験を求めます。その場が地域や学校の子どもを中心とした集団でした。この集団との関係を補完しきれていない現状があります。

　そして，地域社会との関係の希薄化とともに，核家族化が継続していることにより，家庭の教育力がさらに低下しています。地域の希薄化は近年起きたことではなく，希薄ななかで育った子どもが，母親や父親になっています。学ぶ場がなく育ち，子育てに直面しています。周りの目がないことは自由でもありますが，間違ったことをしたときに注意されたり，他の人の行為を見て誤りに気づく機会は失われました。虐待の増加もこうした側面があると考えられています。

108

第**6**章　社会的養護の現状と課題

　また子どもの生活も遊びを主体としたものから，塾などの学びを主体としたものへと切り替わり，忙しい子どもが増えています。かつては地域全体が遊び場でしたが，近年では公園や学校の校庭などに遊び場が限定され，異年齢の遊び集団から小人数の集団へと変化し，さらに地域の遊び場から子どもの姿が見られなくなっています。

　今地域では，貧困やさまざまな家庭状況などで，地域にある塾や稽古ごとなどの集団に参加できない子どもたちが，孤立してしまっています。同様に所属する会社組織が唯一といった，相談する人や場所をもたない大人もいます。地域に温かい人の目がなくなり，地域の人と関わる機会がなく，問題が大きくなるまで周りが気づけない状況があります。子どもたちの育ちを支える地域づくりが必要とされています。

（2）連携と協働

　地域にはさまざまな目的で連携・協働を図ろうとしている組織があります。その一つに，町内会があります。回覧板などで自治体の情報や地域の他の機関の情報の伝達などを行っています。また地域の行事や催事，レクリエーション，地域の環境整備としての清掃活動や子ども会活動，防災などの中心的な役割を担っています。このほかに民生委員・主任児童委員は，地域で見守り活動をしているボランティアであるとともに，厚生労働大臣の委託を受けて活動しています。生活上の困難を抱えている人の身近な相談相手として，また生活に困難をきたしている人を早期に発見し，適切な機関に結びつけるための活動もしています。

　また，人は何らかの機関や組織に属しています。多くの人は，会社や団体等に所属し，子どもたちも多くは幼稚園や保育所，小学校などに所属しています。これらの団体や機関を中心に生活困難な状況に陥らないように予防措置が講じられています。社内の健診などもその一例です。しかし現代では雇用関係が正規雇用から非正規雇用が増加し，離職や離婚，貧困などさまざまな生活課題を抱えている人が増加しています。所属している組織の予防的措置を受けられず，

109

第Ⅰ部　社会的養護の原理

行政の支援を受けることができず，生活困難な状態にある人が地域に点在している状況でもあります。行政の機関だけでは，発見し対応することが難しくなっています。

　こうした状況への対応として連携・協働があります。地域には社会福祉関連の機関や教育機関，医療機関などがあり，それぞれが目的に応じた役割を果たしながら，対応しています。さらにその分野の連携や協働を軸によりより地域について協議しています。そして連携から協働の輪づくりが進められています。たとえば一人の障害のある子どもがその地域で生活しやすいように，障害のある子を中心に機関が協議し連携しようとしています。一度つくられたその子のための連携を維持し協働して他の子のためにも応用できるように，また違ったニーズに対応できるように輪をつくっています。こうした輪が幾重にも地域にできてくることは，一度発見や相談の機会を逃しても次の機会に発見できる，相談できる状況をつくっていくことなります。それは本人や家族だけでなく多様な人が関わり合う地域になるということです。いろいろな生活に困難や課題を抱えた人に応用できる，そんな社会が望まれています。

　自立支援協議会（障害者の自立のため），地域ケア推進会議（高齢者のケアを必要とする人のため），子ども・子育て会議（子育てのため）・要保護児童対策地域協議会（要保護児童の発見と保護）など一人でも多くの子どもが困難から救われるように，図6-5にあるように多様な機関の連携が新たな地域づくりをしているのです。

　生活困難な状況にある人に適切な支援体制をつくり上げることは急務です。まだまだ十分整備されている状況にはありません。これを整備していくためには，地域の協働が必要となっています。各機関だけでなく，地域に住む人が発見者に回ってくれることが，制度の間で孤立している人を救済する手立てとなるのです。

第**6**章　社会的養護の現状と課題

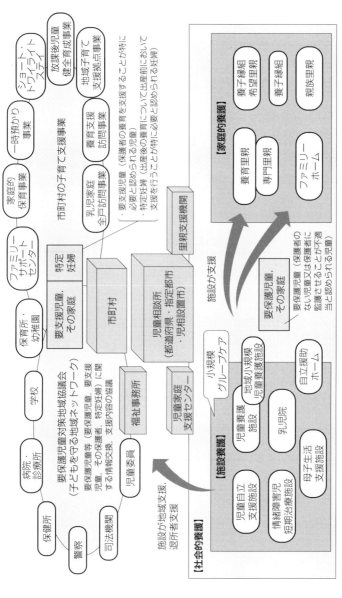

図6-5　社会的養護と市町村の子育て支援施策との連携

出所：厚生労働省「社会的養護の課題と将来像（概要）」2011年。

第Ⅰ部　社会的養護の原理

📖さらに学びたい人のために

○高垣忠一郎『生きづらい時代と自己肯定感』新日本出版社，2015年。

　　主題と離れますが，子どもたちが生きていくうえで，家庭環境の問題がどの
ように子どもたちに影響しているのか考察しなおすことが可能です。子どもの
成長と発達を考えるうえで貴重な知識を得ることができるでしょう。

○近藤直子『療育って何？』クリエイツかもがわ，2019年。

　　障害のある子どもへの地域にある支援事業所での子育て支援を中心に書かれ
ています。保育所や幼稚園で障害のある子を支援することがあるかと思います。
そのようなときにぜひ読んでみてください。

○石川康宏『社会のしくみのかじり方』新日本出版社，2015年。

　　表題の通り，社会のこと，しくみのことをやさしく解説しています。近代の
社会の「どうして？」がわかります。なるほどがたくさん。ぜひ読んで，私た
ちの社会を知ってください。

[浅川茂実]

第Ⅱ部

社会的養護の実際

第 **7** 章

社会的養護における子ども理解と支援

• • •

社会的養護を必要とする子どもについて，発達期に応じた理解と支援のあり方を学びます。社会的養護を必要とする子どもは対象となる年齢も幅広く，抱えている問題もさまざまです。そのため，子ども一人ひとりの状態を適切に理解し，その状態に応じた支援を行わなければなりません。本章では，基礎的な子ども理解を学びつつ，提供される事例をもとに社会的養護を必要とする子どもの理解について支援のあり方を考えます。

キーワード▶子ども理解，日常生活支援，治療的支援，自立支援，障害児支援

第1節　子どもの理解からはじまる支援

児童福祉施設には，養育や保護を主な目的とする施設や療育的な支援を主な目的とする施設があり，支援を受ける子どもの年齢や状況，抱えているニーズもさまざまです。子ども一人ひとりの心に寄り添う支援を行うためには，対象となる子どもについて，適切に心身の状態やニーズについて理解を図る必要があります。

人間は，それぞれの発達段階において周囲の環境との相互関係により，身体的な発達，知的な発達，情緒的な発達が促され，社会性を身につけていきます。しかし，社会的養護を必要とする子どもは，周囲の環境が本人にとって不利益な環境であることが多く，本来の発達過程で獲得すべき愛情や信頼，学び，基本的な生活習慣などを健全に獲得できていない場合もあります。そのため，子ども一人ひとりの状態に合わせた支援が重要です。また，障害を抱える子どもについても障害の特性に応じて生じる日常生活の困り感や発達におけるつまず

115

第Ⅱ部　社会的養護の実際

きを理解したうえで支援を行うことが大切です。

（1）乳児期の子ども

　乳児期とは，生後0〜1歳くらいまでの時期を指します。乳児は，自ら自立した生活を営むことは難しく，周囲から適切な支援を受けることで信頼関係が構築されていきます。乳児期において獲得された信頼関係はその後の人間関係に大きく影響するため，子どもの求める生理的欲求[*1]（食欲，睡眠欲等）には適切に応答することが大切です。乳児は欲求が適切に満たされることで，周囲に対して安心を感じ，信頼感を得ることができます。そして，乳児はこのような信頼感を基本として自らの気持ちを身近な周囲に働きかけていきます。

　この時期に社会的養護を必要とする子どもの多くは，乳児院や里親制度を利用して支援を受けることになります。支援者は子ども一人ひとりの状況と状態を理解し，子どもが「泣き」を通して求める基本的欲求に対して敏感に反応・対応することで子どもが安心して欲求が満たせる環境づくりに努めます。

> **事例1　抱っこが嫌い**
>
> 　1歳5か月で乳児院に入所したみなみちゃん（仮名）は，担当養育者が抱っこをしてもすぐに離れようとします。それだけはなく，突然床で寝てしまったり，服を脱いでしまったりします。みなみちゃんは，乳児院に入所する前まで保護者から適切な養育を放棄（ネグレクト）され，保護者から愛情を注がれずに抱っこもほとんどしてもらえない環境で育ちました。
>
> 　担当養育者は，できる限りみなみちゃんと個別の時間をつくるように心がけました。するとみなみちゃんは，抱っこにはまだ少し抵抗があるものの，眠いと感じると担当養育者の前で強く泣くようになりました。担当養育者はみなみちゃんが強く泣く際は，そばから離れずみなみちゃんが眠るまで布団の横で添い寝をしました。

＊1　**生理的欲求**：マズロー（Maslow, A. H.）が発表した「人間の動機づけに関する理論」のなかで解説された「欲求5段階説」におけるもっとも根源的な欲求で，命を維持することに関わる欲求（食欲，睡眠欲，性欲等）とされている。

第**7**章　社会的養護における子ども理解と支援

　乳児院の入所理由の内訳で虐待やネグレクトによる入所理由は増加傾向にあります。ネグレクトによる不適切な育児環境では子どもの基本的な欲求が満たされないことが多く，その結果，自身の欲求を求めなくなる子どももいます。対象児も保護者との適切な関わりがないまま乳児院に入所したことが考えられます。この場合，対象児は乳児期において獲得するべき身近な者との信頼関係が形成されておらず，周囲に対する信頼が欠けている状態であることが予測されます。

　乳児院では担当養育制[*2]を設けています。事例では，担当養育者が対象児と個別の時間を設けています。適切な愛着（アタッチメント[*3]）の形成がなされなかった対象児に対して常に同じ担当養育者が関わることで，対象児の内面発達が少しずつ促されるとともに信頼関係の獲得につながっていきます。対象児が担当養育者に強く泣いて感情を示すことは，2人の関係において大きな進展であり，対象児が基本的欲求の充足を信頼する者に求めていることにつながります。この際，担当養育者は対象児の欲求に対して適切な関わり（事例のなかでは「添い寝」）をすることで対象児のなかにある周囲への信頼感が構築されていきます。

✐演習1

　抱っこを拒否する子どもに対して，養育者はどのように信頼を獲得すればよいか，自分が養育者と想定してグループで意見を出し合いましょう。

（2）幼児期の子ども

　幼児期とは，1～6歳の時期を指します。1歳を超える頃から乳児期に得た基本的信頼関係をもとに子どもは自ら周囲に働きかけることが多くなり，また，歩行によって行動範囲も広がります。2歳後半頃からは自分の身の回りのこと

＊2　**担当養育制**：育児担当制や担当保育制と表されることもあるが，少人数の入所乳幼児を特定の保育士が担当して保育することを指す。

＊3　**愛着（アタッチメント）**：ボウルビィ（Bowlby, J.）が提唱した概念で，子どもと養育者の間で生まれる絆のこと。乳幼児期にしっかりと愛着形成がなされると養育者以外の人間とも安定した人間関係が築けるとされている。

第Ⅱ部　社会的養護の実際

を少しずつ自分でできるようになります。また，自立に向かう過程において失敗から恥ずかしさを体験し，自分の行動を抑制できるようになります。

　そして，3歳以降になると，少しずつ養育者のもとを離れ，自分から積極的に行動できるようになります。それまでの家庭という集団から保育所や幼稚園，認定こども園等において同年齢もしくは異年齢の集団で自発的に遊ぶことや周りとの関係から自分の思い通りにいかないことを学び，規則を守らなくてはいけないことも増え，規則を破ってしまったときに罪悪感をもつようにもなります。また，この時期は遊びの内容が大きく発展する時期[*4]でもあります。子どもを理解するうえで遊びの発展過程を理解することは重要であり，子どもの年齢に合わせた遊びを理解することで心身の状況を理解することが可能となります。

　社会的養護を必要とする子どものなかには，幼児期において入所経緯によって，発達年齢よりも低い行動をとることや自己肯定感[*5]の低さから周囲と上手に関われない子どももいます。支援者は子どもの実年齢にとらわれず，入所経緯や現状の観察を行い，子どもに合った関わりをすることが大切です。

事例2　お友達と遊べない

　あやこちゃん（仮名）は保護者からの身体的虐待を理由に5歳で児童養護施設に入所しました。あやこちゃんは，入所後，保育士や周囲の子どもから声をかけられてもニコニコしているだけで周囲の遊びに自ら参加することはなく，一人遊びをしていました。保育士は，この時期の子どもは周囲との関係をもつようになり集団的な遊びをすることを好む時期であるのに対して，あやこちゃんが周囲の子どもと関係をもとうとしないことに疑問をもちました。保育士は，あやこちゃんが周囲の子どもと関係がもてるようにあやこちゃんの遊びに積極的に加わり，ごっこ遊びをするようにしました。すると，周囲の子どもがその遊びに興味をもち，遊びにまざろうとしました。あやこちゃんはうれしそうに

＊4　遊びの発展過程：パーテン（Parten, M. B.）は，遊びが発展する過程を①目的のない遊び，②一人遊び，③傍観，④平行（並行）遊び（2～3歳頃），⑤連合遊び，⑥共同（集団）遊び（5～6歳頃）と分類している。

＊5　自己肯定感：自分の価値や存在の意義等を肯定的に捉えることのできる感情のことで自己肯定感が高いと物事を前向きに考えられるが，自己肯定感が低い場合，物事を否定的に捉えてしまう傾向が高くなる。

遊びに参加した子どもに役割を指名して，少しずつ周りの子どもと会話をするようになりました。

　この時期の子どもは，養育者から少しずつ離れて周囲との関係を築こうとします。しかし，対象児は施設に入所後，周囲の子どもと関係をもとうとしていません。また，遊びの内容を見ても，多くの場合，集団遊びが見られる時期に一人遊びが多く確認されています。子どもは遊びを通して自我を形成したり，子ども同士の遊び（集団遊び）のなかでいざこざや関わりなどから社会性を身につけたりします。事例では保育士が対象児の遊びに介入し，遊びの内容を一人遊びから二人遊びに発展させ，周囲の子どもを巻き込んで集団遊びに発展させていることがわかります。

　社会的養護を必要とする子どものなかには，周囲に対して積極的に関係を保てない子どもがいます。そのため，支援者は遊びを通して子どもが周囲との関係を構築できるように，ときには主導的に介入することが大切になります。そして，子ども自らが周囲との関係を求めるようになったら，子どもの主体性を尊重し，介入を減じていきます。

── ✐ 演習 2 ──
　幼児期の子どもにとって遊びは大切な学びです。遊びから学べることは何か遊びの種類を考え，そこから学べることについてグループで意見を出し合いましょう。

（3）学童期の子ども

　学童期とは，おおよそ小学校の時期（6～12歳）を指しています。この時期は，小学校のクラスの友達や教師などとの集団的な関わりが多くなります。また，教科別の学習が始まり，その成果を評価されることによる自分の苦手なことや身体的発育面（身長や容姿など）に対する劣等感を感じる場合もあります。

　社会的養護を必要とする子どものなかには，自分の苦手なことはもちろん，

第Ⅱ部　社会的養護の実際

自分がおかれている環境に対する劣等感を強く感じる子どももいます。支援者は，子どもの気持ちに寄り添い，自己肯定感を高める関わりが必要です。また，学習面においても周囲との遅れがないように施設内において学習指導を行います。そのため，勉強や運動などで子どもが頑張っていることに注目し，それを支える関わりを通して，自分自身を肯定できるように支援します。

　また，社会的養護の対象となる子どものなかには発達障害や情緒障害のような障害を抱える子どもが増加傾向にあります。児童養護施設を利用する子どものなかにも発達障害や情緒障害が発見される場合もあります。支援者は，障害のある子どもに対して障害に合わせて適切な支援を行うために「通級による指導」や「児童発達支援」，「心理治療」などの支援についての理解を深め，連携した支援が大切です。

事例3　学校に行きたくない

　児童養護施設に入所している小学5年生のとものりくん（仮名：10歳）は，住んでいた地域とは異なる学校区の小学校に転校し，入所当初は担当職員と共に登校していました。しかし，最近，担当職員が小学校に行くことを促しても登校を渋ることが多くなり，登校しても体調不良を原因に早退することが多くなりました。担当職員が小学校担任教師から最近のとものりくんの様子を確認するとクラスの友達とうまく関係をもてていないということがわかりました。

　担当職員は，とものりくんの気持ちを最優先に考え，気持ちを受け止めるよう努めました。また，とものりくんが小学校に行きたくないと言った日は登校を促すのではなく，施設内で職員と過ごすことにしました。とものりくんは担当職員に対して，クラスのお友達と仲よくしたいと思っているが，周りと比べても自分は頭が悪いから仲良くしてもらえないのではないかと相談しました。

＊6　**発達障害の発見率**：発達障害の特性が明らかになるのはほとんどの場合2歳以降であり，3歳前後で診断が可能な障害もある。5歳児健康診査を導入する地方自治体も増加しており，年々発達障害の発見率は上がっている。今後は，早期発見・早期支援の充実が期待されている。

＊7　**通級による指導**：学校教育法施行規則第140条及び第141条にもとづき，小・中学校の通常の学級に在籍する軽度の障害がある児童・生徒に対して，各教科等の授業は通常の学級で行いつつ，障害に応じた特別な指導を特別の場で行う特別支援教育の一つの形態。

＊8　**児童発達支援事業**：児童福祉法にもとづくサービスの一つで，障害の有無に関係なく発達が気になる幼児・児童に対して本人の状態に合わせて療育や生活のための自立に関する支援を行う。

第**7**章　社会的養護における子ども理解と支援

担当職員はとものりくんの気持ちを受け止め，友達をつくるための作戦を一緒に考えるとともに，宿題や課題をできる限り一緒に行うようにしました。それからとものりくんは小学校を休むことが減り，小学校が終わるとお友達とも遊ぶようになりました。

　児童養護施設を利用する児童の入所理由はさまざまです。特に虐待やネグレクト等の不適切な養育環境で育った子どものなかには，周囲との信頼関係が保てず，自己肯定感も低い状態の子どもも少なくありません。また，不適切な養育環境では適切な養育環境と比較して学習面における遅れがみられる子どももいます。

　対象児のとものりくんは，家庭から通っていた小学校から児童養護施設の学校区にある小学校に転校しています。そのため，友人関係を構築することに時間がかかることが予想されます。また，10歳という年齢は，小学5年生という学童期後期の時期であり，自己を客観的に捉えられるようになり，身体的にも大きく成長する時期です。とものりくんは周囲の友達と自分の環境が違うことや集団から見られる自分を気にするあまり，自己肯定感が大きく低下していることが考えられます。そのため，担当職員はとものりくんの些細な気持ちの変化や悩みを摑むために小学校での出来事をできる限り会話の話題に取り込むとともに，とものりくんの自己肯定感を高めるように努めています。また，小学校での主な学びは教科別の学習であり，とものりくんは周囲との学習の遅れも気にしています。この時期の子どもは，学習の結果によって周囲と自分を比較してしまい，自分に対して肯定的感情や否定的感情を抱きます。そのため，事例では学習面においても小学校の担任教師とも連携し，児童養護施設と小学校が共に対象児を支えられるよう努めています。

演習3

　小学校の生活とはどのようなものでしょうか。日々の生活や年間スケジュール等を思い出してみましょう。その後，子どもにとっては小学校でどのような場面で生活に困り感を抱えやすいのか，グループで意見を出し合いましょう。

第Ⅱ部　社会的養護の実際

（4）青年期の子ども

　青年期とは，一般的に12～20歳頃の時期を指し，自分らしさに気づき始め，将来に向けて自立心を高める時期になります。子どもは「自分は何者なのか」「将来自分はどうなりたいのか」など，自分自身について模索する時期であるため，周囲は子ども一人ひとりの人格を認めて接するとともに自己肯定感を育てる関わりが大切です。また，子どもは自分自身のあり方に気づくことで自分らしさを見据えながら，将来を描くことができるようになります。そのため，子どもを一個人として信頼し，自立に向けて支援することが重要です。

　社会的養護の対象となる子どもは，社会人になるにあたり，「自分は何がしたいのか」「今の自分に何ができるのか」などについて，周囲よりも消極的に考えてしまうことも少なくありません。そのため，支援者は地域社会において子どもが「自分らしく」生活していけるように，年齢や状況などに合わせて自立に向けた支援を行います。また，子どもが社会人になるにあたり，不安や悩み等をしっかりと受け止め，施設を退所後も支援が継続できる環境を提供することが重要です。

事例4　将来についての悩み

　児童養護施設で生活するりかさん（仮名：17歳）は，高等学校を卒業後，大学に進学するか就職をするか悩んでいます。りかさんには将来，中学校の教員になりたいという夢があります。しかし，児童養護施設を利用していることに後ろめたさを感じ，また，大学に進学するための入学金や授業料についてもどのように対応すればよいか不安に感じ，このような境遇の自分に自信がもてずにいるようでした。担当職員は，りかさんの想いを肯定的に受け止め，りかさんが夢を実現するために一つひとつ不安を取り除くように努めました。担当職員の関わりからりかさんは大学進学を決意しました。現在は大学進学に向けて受験勉強に励んでいます。施設においても，りかさんが受験勉強に専念できる環境づくりに努めています。それでもりかさんは退所後に自立した生活を送り大学に通学することや生活費などについて不安を抱えています。

　児童養護施設の利用対象年齢は原則3～18歳[*9]とされています。高校生の利用

122

児は，高校卒業後の進路について深く悩むことは少なくありません。そのため，児童養護施設では，子どもが施設を退所した後のことを考えた支援が必要となります（リービングケア）。また，青年期の子どもは，「自分が何をしたいのか」「自分が社会で何ができるのか」などの自分を模索する時期にもなり，幼児期，学童期に比べても悩みが複雑化する場合もあります。

　事例では，対象児は将来「中学校の教師になりたい」と考えていますが，大学進学後の生活に大きな不安を抱えています。大学に進学するとなると入学金や授業料，生活費等の費用がかかります。また，退所後の進路は進学のみならず就職もあります。児童養護施設では子どもが将来に向かって有益な進路選択ができるように必要な情報を揃えて子どもと共に将来を検討し，子どもの意見が尊重されるよう配慮しなくてはなりません。また，児童養護施設を利用している子どもたちのなかには，育ってきた環境に自信がもてずに自己肯定感が低い子どももいます。そのため，自己肯定感の低さから将来に対して無気力になることや自暴自棄になってしまうこともあります。対象児も自身の生い立ちに負い目を感じていることが進学を悩む一つであることが推測されます。大学での入学金や授業料等の費用に対してはさまざまな奨学金制度があり，現在，児童養護施設を利用する子どもや里親制度を利用する子どもを対象とした奨学金制度もあるため，それらを活用することで大学での費用負担を減らすことが可能となります。事例では，担当職員が対象児の夢を応援するため，対象児の不安な気持ちを受け止め，受験勉強に専念できる環境づくりに努めています。現在，児童養護施設においては，子どもが将来について中学生の頃から自分自身を考える時間を支援者と設けて，進学や就労に向けてのキャリア支援を行うことも増えてきています。

＊9　児童養護施設の利用対象年齢は原則3〜18歳だが，自立のための支援を継続して行うことが適当な場合には，22歳の年度末まで，個々の状況に応じて引き続き必要な支援を行うとともに，施設等に入所している者及び退所した者について，退所後の地域生活及び自立を支援したり，対象者同士が集まり，意見交換や情報交換・情報発信を行えるような場を提供したりする「社会的養護自立支援事業」を実施している。

＊10　リービングケア：自立に向けての準備と退所してからの支援の二つの側面を別々に考えるのではなく，一貫した支援とする考え方を指す。

第Ⅱ部　社会的養護の実際

✏️ **演習4**

　事例では担当職員が対象児の気持ちを受け止めていますが，気持ちを受け止めるうえで注意しなければならないことはどのようなことでしょうか。考えてみましょう。

（5）障害のある子ども

　障害には身体障害，知的障害，精神障害，発達障害，難病などが含まれます[11]。障害のある子どもは障害の特性によって，日常生活に困り感を抱えることが多く，支援者はそれらの子どもの環境的，人的な困り感を理解して子どもがその子らしく安心して日常生活が営めるよう支援します。障害のある子どもを支援する施設として，児童発達支援センターや障害児入所施設があげられます。また，小学校や中学校，高等学校においては障害程度に応じて特別支援学校や特別支援学級，通級による指導を利用することで個別の支援を受けることもできます。

事例5　障害のある子を支援する

　保育所を利用するさとしくん（仮名）は3歳を迎える頃から周囲との関わりが上手にできずに泣き出してしまうこと，制作活動や運動遊びなどで遅れが目立つこと，靴の置き場などについても強いこだわりがあり，保育所生活で多くの困り感が確認できました。さとしくんのこれらの困り感について保育所側とお母さんとで話し合い，小児精神科で診察を受けることになりました。診察の結果，さとしくんは自閉スペクトラム症と診断されました。お母さんはその診断結果について，子育ての仕方が悪かったと自分自身を強く非難しました[12]。保育所ではそのようなお母さんの気持ちを受け止め，さとしくんが保育所でできる限り生活しやすい環境を提供することについてお母さんと話し合いました。

＊11　**障害児・者の範囲**：障害者の日常生活及び社会生活を総合的に支援するための法律（障害者総合支援法）第4条を参考。

＊12　発達障害は脳の機能障害であり，しつけや子育てが原因ではない。しかし，子どもが発達障害であることを診断されると，多くの保護者は自身のしつけや育て方，愛情不足といったことを要因として捉え，自身を責めてしまうことがある。

第**7**章　社会的養護における子ども理解と支援

　その後，さとしくんは児童発達支援センターで療育を受けることになりました。児童発達支援センターでは，さとしくんに個別支援計画[*13]が作成され，さとしくんの状態や気持ちに合わせた個別の関わりがなされました。
　その後，さとしくんは保育所と児童発達支援センターを併行通園[*14]するようになり，保育所でも笑顔やチャレンジすることが増えたように担当保育士は感じています。また，児童発達支援センターにおいては，療育の場面を保護者と共に受けることも多く，親子関係も前にも増して良くなったことをお母さんから報告されています。保育所は児童発達支援センターからさとしくんの保育におけるアドバイスを受けつつ，さとしくんへの支援を園全体で積極的に取り組んでいます。

　障害のある幼児・児童に対しては障害の特性に合わせた支援が必要となります。事例では，併行通園により保育所での保育と児童発達支援センターでの療育[*15]を受けています。
　障害児は，周囲に比べると障害の特性によって生活での困り感が多く，支援者はその困り感を理解することが大切です。事例では，対象児が自閉スペクトラム症から生活における困り感が増えていることがわかります。この場合，保育所等の環境によって支援の限界はありますが，対象児の困り感を理解し，生活しやすい環境を整えることが必要です。保育所等では子ども同士の集団による関わりや保育活動から，子どもは家庭とは違う姿を見せます。それは障害のある子どもにも同様に確認することができます。そのため，障害のある子どもについて理解を深めるためには，保育所での姿と家庭での姿を理解することが大切です。
　さらに障害のある子どもに対する支援では，保護者を支援することも重要です。子どもに障害や疾病があることがわかると保護者は大きな悲しみを受け，

＊13　**個別支援計画**：障害のある児童・生徒一人ひとりのニーズを把握し，長期的な視点で乳幼児期
　　から学校卒業後まで一貫した的確な支援を行うことを目的として策定されるもの。
＊14　**併行通園**：保育所や幼稚園，認定こども園と児童発達支援センターのような障害児の通園施設
　　を併用して通う方法。
＊15　**療育**：医療による治療と保育（教育）を行うことを指す。障害は早期発見・早期療育がその後
　　の社会的自立に大きな影響を与える。

125

第Ⅱ部　社会的養護の実際

また障害や疾病であることの事実をすぐに受け止めることは困難です。ときには子どもに障害や疾病があることについて自分を責めることもあります。事例においても母親は対象児が自閉スペクトラム症であることを自身の子育てが悪かったと考えています。このようなときに支援者は，お母さんの気持ちを受け止めることを心がけ，子育てに前向きになれるよう支援します。

　事例では，対象児が児童発達支援センターを利用していますが，児童発達支援センターは保育所と違い，子ども個々の状態に合わせた療育を行い，また保育所に対しても相談・助言（保育所等訪問支援）を行います。事例では，保育所が児童発達支援センターに対して対象児の保育における相談・助言を求めています。このように2つの施設が連携することで，集団活動においても個別活動においても支援が充実するとともに，保護者に対する支援も共通理解のもとで行うことが可能になります。

✏️ 演習5

　障害のある子どもを養育する家庭にはどのようなニーズがあるでしょうか。2つ以上の障害をテーマに日常生活のニーズを考えてみましょう。

（6）子ども理解を深めるために

　子どもを理解するためには，①子どもの発達過程の理解，②個別の理解，③その子にしかあてはまらない特性の理解が大切になります。①の子どもの発達過程の理解については，前述の乳児期，幼児期，学童期，青年期といった発達過程において，子どもが満たされるべきニーズが満たされているのかを理解します。②個別の理解では，標準的な子どもの発達過程を理解したうえで，子ども一人ひとりについての理解（性格や趣味など）を図ります。そして，③では場面によって確認できるその子の特性（場面によってみせる子どもの姿）や障害による特性などを理解することで子どもに対する理解がより深まります。

　社会的養護を必要とする子どもにおいては，子どもの生育歴や問題歴，障害等についての情報を整理し，個々の関わりを変えていく必要があります。その

126

第**7**章　社会的養護における子ども理解と支援

ため支援者は，子どもが自身のことを肯定的に捉え，将来に向けて前向きに行動できるよう，これらの子どもに対する理解を深め，子どもの抱えるニーズに対して適切に支援することが大切です。

第2節　日常生活支援

　乳児院や児童養護施設などを利用する子どもは，入所する以前の家庭環境において，基本的な生活習慣を身につけられる環境が整っていない場合もあります。そのため，社会的養護においては，子どもが基本的な生活習慣を身につけられるとともに日常的な生活で安心した生活が送れるように支援しなければなりません。日常的な生活とは，その一つとしてたとえば挨拶などがあげられます。朝起きた際に私たちは「おはよう」と挨拶を行い，どこかに出かける際には家族に「いってきます」「いってらっしゃい」，家庭に帰れば「ただいま」「おかえり」と挨拶を行います。しかし，社会的養護が必要な子どもはこれらの日常的な挨拶を，家庭において行われずに育っていることがあります。地域社会において挨拶は人間関係を築く大切なコミュニケーションスキルであるにもかかわらず，なぜ挨拶をしなくてはならないのか，どうして大切なのかについても正しく身につけられずに入所する場合があります。

事例6　挨拶って何？

　児童養護施設を利用するあきちゃん（仮名：7歳）は，入所当時，周囲からの挨拶に戸惑いがありました。「おはよう」「おやすみ」と挨拶をされると驚き，不思議な顔をしていました。小学校から戻った担当職員が「おかえり」と挨拶をすると，あきちゃんは「おかえりって何？」「朝や夜も変な言葉を言うのをやめて！」「小学校もつまらない！」と訴えてきました。あきちゃんの言葉を聞いて担当職員はあきちゃんが挨拶のない環境で育ってきたことを理解することができました。あきちゃんはネグレクトを受け，保護者から挨拶をほとんど受けず育ったため，挨拶にどのような意味があるのか理解できない様子でした。

　担当職員はあきちゃんに挨拶の意味を丁寧に話し，あきちゃんが主体的に挨

第Ⅱ部　社会的養護の実際

挨ができるように普段から明るく笑顔で挨拶をすることを心がけました。その甲斐もあってか，あきちゃんは小学校に登校する前に恥ずかしそうに「いってきます」と挨拶をしてくれるようになりました。担当職員はその変化にとても喜び，毎日笑顔で「いってらっしゃい」と挨拶を返しています。

　子どもは挨拶や会話の仕方，お箸の持ち方等の生活習慣について自然と身につけることはありません。周囲の適切な関わりから教えられたり，感じたり，模倣することで身につけることが可能になります。

　乳児院や児童養護施設において挨拶はとても大切にされる習慣です。児童養護施設等では，子どもたちの「いってきます」「ただいま」「おやすみなさい」等の挨拶に対して，職員が「いってらっしゃい」「おかえり」等の挨拶を返すことで家庭的な環境を子どもに提供しています。事例では，対象児が挨拶のない環境で育ち，挨拶についての意味を理解することができていません。そのため，小学校においても挨拶の仕方や意味がわからないまま周囲と関わりづらい環境におかれていたことも考えられます。

✐ 演習 6

　挨拶をすること，挨拶を返すことにはどのような意味が生まれるでしょうか。実際にグループでさまざまな挨拶を利用して意味を考え，発表しましょう。

第 3 節　治療的支援

　近年，虐待や不適切な養育環境を理由として施設を利用する子どもは増加傾向にあります。多くの子どもが虐待や不適切な養育環境から，身体的・心理的にさまざまな辛さを抱えています。虐待体験や不適切な養育環境の体験は，子どもに深刻な心理的問題を与え，親子関係の悪化や他者との信頼関係不和，暴力や犯罪につながるような行為を引き起こす場合もあります。このような問題を防ぐために乳児院や児童養護施設などでは心理療法担当職員を配置しており，

第**7**章　社会的養護における子ども理解と支援

子どもの心理的治療や保護者に対しても親子関係を適切に保つための支援を行っています。また、児童心理治療施設では、心理的要因による問題を抱える子どもとその保護者に対して専門的な心理治療を行っています。

事例7　親子関係の紡ぎ直し

　さとしくん（仮名：12歳）は、小学校6年生に進級した頃から家庭で突然怒り出し、物を壊したり、保護者が注意をすると保護者に向かって暴言を吐いたり暴力を振るったりするようになりました。保護者はさとしくんと上手に親子関係を保つことができず、さとしくんは小学校でも問題行動が多くなりました。保護者は児童相談所に相談し、さとしくんも納得したうえで児童心理治療施設を利用することになりました。
　児童心理治療施設では規則正しい生活のなかで心理療法担当職員がさとしくんに対して思いを受け止めながら、心理療法による行動改善を図りつつ保護者との関わり方を一緒に考えました。また、保護者に対しても定期的な面談を行い、保護者が抱えるさとしくんへの恐怖を丁寧に受け止め、適切な関わり方を話し合い、さとしくんとの面会の機会を多くしていきました。1年後、さとしくんは保護者に自分の気持ちを穏やかに伝えられるようになり、保護者もさとしくんの気持ちを受け止められることが認められ、施設を退所となりました。

　児童心理治療施設は、心理治療を主な役割としており、心理療法担当職員が配置されています。支援においてはさまざまな職種の職員で構成され、それらの職種が連携して入所児童一人ひとりの治療的支援と自立支援、学習指導等を行っています。また、入所児童の保護者に対しても相談・助言はもちろん個人面接、グループ面接、親子面接、親子外出、外泊、家庭訪問等の支援により親子関係の再構築を行っています。事例では対象児の問題行動に対して対応ができない保護者の姿があります。また、子どもの問題行動に対して不適切な関わり（暴力や放置等）によって親子関係が構築できないケースもあります。児童心理治療施設では、対象児の状態に合わせて心理療法担当職員が児童の思いを受け止め、心理療法を行っています。心理療法ではさまざまな場面において、入所児童の問題行動や抱えている心理的問題を見極めて一人ひとりに合わせた

129

第Ⅱ部　社会的養護の実際

治療が施されます。また，子どもの問題行動や心理的問題が改善されれば良いというわけではなく，子どもが育つ環境を改善することが子どもにとっても大切な支援となります。そのため，児童心理治療施設や児童養護施設，乳児院においては保護者との信頼関係を構築し，親子関係の紡ぎ直しに向けた支援も行い，退所後においても相談窓口を用意しています。

✏️ 演習7

　子どもが育つ適切な親子関係とはどのような関係でしょうか。グループで保護者の立場，子どもの立場になって意見を出し合ってみましょう。

第4節　自立支援

　社会的養護が必要な子どもも，将来，地域社会で自立した生活を求められます。そのため，施設では，子ども一人ひとりの年齢や発達，家庭環境，状態に合わせて将来を見据えた支援をするために個別の自立支援計画[*16]を立てて支援を行います。そして，施設入所に至る前後の支援（アドミッションケア），施設を利用する期間中の支援（インケア），自立に向けた支援（リービングケア），施設を退所した後の支援（アフターケア）の充実が子どもの自立支援にとっての大きな役割を果たします。

事例8　将来を見据えた支援

　きらりさん（仮名：17歳）は，保護者との親子関係がうまく保てず，反社会的行動から警察による補導も多く，高校を中退となりました。また，その後保護者からも養育を放棄され，家庭裁判所の補導委託先として自立援助ホームに入所することになりました。

　入所当初，きらりさんは将来に希望がもてず，周囲の職員に対しても自暴自

＊16　**自立支援計画**：子ども一人ひとりについて，ニーズと具体的な養育・支援の内容等が記載された個別計画のことで，代替養育の場で生活する子どもの自立支援計画の策定は義務付けられている。

第**7**章　社会的養護における子ども理解と支援

棄な発言が多く，大人を信用できていない様子でした。施設では，きらりさんの自立支援計画を作成する際に，きらりさんのありのままを受け入れるよう関わり，本人の発言をありのままに受け止めるよう努力するとともに，将来に対して希望がもてる関わりを目標にしました。その後，施設ではきらりさんと一緒に将来について話し合う時間を何度も設けました。きらりさんもその話し合いから，将来は人の役に立てる仕事がしたいという希望を話してくれるようになりました。施設ではきらりさんと自立に向けた目標を考え，「人の役に立ちたい」という希望を大切にしながら福祉系の専門学校に進学するために高卒認定試験合格を目標に加えました。その後，きらりさんは目標に向けてアルバイトをしながら勉強をするようになり，周囲に対して穏やかに関われる場面が増えていきました。

　自立援助ホームは児童福祉法第6条の3第1項，第33条の6に位置づけられる児童自立生活援助事業です。義務教育を修了した20歳未満の児童が対象であり，児童養護施設を退所した児童も対象となります。

　児童養護施設や児童自立支援施設，自立援助ホームでは入所児童に対して自立支援計画が作成され，子どもの自立に向けた支援が行われます。自立支援計画は入所当初の児童の様子に変化が確認できる場合など定期的にアセスメントし，内容が見直されます。事例では，対象児が不適切な家庭環境によって，将来に希望がもてず自立ができない状況であることがわかります。自立とは，福祉分野において「①職業自立・経済的自立，②身辺自立・日常的動作の自立（ADL自立），③自己決定権の行使としての自立・自己決定する自立」があげられます。事例では，対象児に対して自立支援計画を作成し，対象児の将来の夢実現に向けて，アルバイトを一緒に探す支援や勉強に対する支援が行われています。このように社会的養護を必要とする子どもに対して，子どもが自身の将来を前向きに捉えて自らが自立に向かって具体的な行動ができるようにリービ

＊17　ADL（Activity of Daily Living）：食事，衣服の着脱，移動，排泄等の日常生活動作を意味する。

＊18　立岩真也「自立」庄司洋子ほか（編）『福祉社会事典』弘文堂，1999年，520-521頁を参照。

131

第Ⅱ部　社会的養護の実際

ングケアの充実を図ることが大切です。また，社会的養護を必要とする子ども
のすべてが，地域社会で生活を送るうえで必ずしも完璧な自立をして退所する
わけではありません。そのため，退所した子どもが改めて悩みや不安を相談で
きる場所の存在が大切であり，アフターケアの充実が自立支援の重要な課題と
なっています。

--- ✎ 演習 8 ---

　自立にはどのような意味があるでしょうか。自分や周囲の生活に置き換えて
考えてみましょう。

📖 さらに学びたい人のために

○こどもサポートネットあいち（編）『どうしようこんなとき‼──児童養護施
　設の若き実践者のために』三学出版，2011年。

　　児童養護施設で若手職員と子どもとの間で実際に起きた問題をQ&A方式で
　紹介しています。児童養護施設における子どもとの関わり，子どもが抱える悩
　み，職員の対応等について具体的に学ぶことができます。

○本郷一夫（編）『子どもの理解と支援のための発達アセスメント』有斐閣，
　2008年。

　　子どもの発達を理解し支援するためのアセスメントについて，基本的な知識
　と情報が盛り込まれ，近年増加傾向にある保育・教育現場で「気になる」と捉
　えられる子どもの支援に向けて適切な発達アセスメントが紹介されています。

［大屋陽祐］

第**8**章

施設養護の生活特性および実際

・・・・

　保育を学ぶ学生にとって，児童福祉施設での生活を学び，利用している子どもた
ちの気持ちを理解することは大変難しいことだと思います。なぜなら，私たちの身
近にそれらの施設がないからです。

　そこで施設の理解を深めるために，本章では第１節で「施設養護における生活」
として，児童養護施設を例に，日課を示しながら，施設での子どもたちの生活と保
育士の業務についてみていきます。また，第２節では，児童養護施設の生活につい
て，事例を通して実際の子どもたちの生活について考察できるようにしました。さ
らに，第３節では，演習を通して社会的養護の理解を深め，児童養護施設利用者の
生活と職員支援について学びを深められるようにしました。

キーワード▶小規模化，ローテーション勤務，引継ぎ，縦割りの交友関係，愛着形成，
　　　　　　他機関（学校や児童相談所等）との連携，信頼関係，コーディネート

第１節　施設養護における生活

　ここでは，代表的な児童福祉施設[*1]である児童養護施設の生活および日課につ
いて学びます。

（１）施設での生活

　児童養護施設の生活と聞いたときに，どのようなことをイメージしますか？
大きな部屋で，大人数で寝食を共にするといったイメージをもっている人もい

＊１　児童福祉施設については，本書第５章参照。

133

第Ⅱ部　社会的養護の実際

るかもしれません。児童養護施設では，幼児から高校生の子どもたちが生活をしていますが，「個室」なんてないと思っている人もいるかもしれません。

確かに施設によっては，相部屋で多人数の子どもたちが生活を共にするところもあります。その生活規模も，20人以上で生活を共にする形態をとっているところもあれば，10人以下で生活をするところもあります。

このように施設は，生活を共にする人数（養育単位）により，大舎制，中舎制，小舎制と形態が分かれています。それぞれの形態にメリット・デメリットはあり，一概にこの形態は良くないとは言えません。しかし，より家庭的な環境で養育することが目指され，国としては施設の小規模化を進めています。

（2）児童養護施設の1日の流れ

児童養護施設の1日の流れを，表8-1に例示しました。幼児から高校生までの集団ですので，それぞれの生活リズムは大きく違います。幼児・小学生の場合，基本的な生活リズムをつけていくことが大切であり，幼児に対する添い寝や，就寝のときの絵本読みなどは愛着形成に必要となってくる行為でもあります。また，中学生に関しては，将来に向けての進路や受験指導が必要であり，高校生については，アルバイトなどの社会的経験を行っていることも多く，施設で過ごす時間が少ないため，幼児や小学生が寝てからの会話が大切となります。

児童養護施設などの施設における勤務特性として，24時間の生活を複数の職員で交代しながら支援するため，引継ぎと呼ばれる業務が大切となります。多くの児童養護施設の場合，児童全体の動きを午前9時頃の時間帯に，宿直から日勤に引き継ぎます。そのときに，小・中学校で対応すべき事項，子どもたちの動き，スポーツ少年団などの地域との関係についても確認し合います。また，各生活単位の宿舎には，パソコンやノートにそれぞれの勤務時間帯にあった子どもたちの細かい要求や連絡事項が書かれているものがあります。これは，ローテーション勤務の職員全体で，子どもたちの情報を共有し，要求に対応していくために必要となるものです。

第**8**章　施設養護の生活特性および実際

表8‐1　児童養護施設の職務（参考例）

1日の流れ	保育士の業務
6：30　起床・洗面 　　　　朝食準備・配膳	引継ぎ（宿直→早番） 朝食準備・配膳
6：45　朝食	朝食（子どもたちとともに保育士も朝食）
7：00	幼児起床・着替え手伝い・洗濯
7：15　登校準備	持ち物の確認
7：30　登校　　小学生	見送り
8：30　朝食の片付け	食器片付け，洗濯・洗濯干し
9：00　幼児登園	幼稚園バス停まで送る
引継ぎ	引継ぎ（宿直→日勤）を行う 　　　※全体引継ぎで行う施設が多い
9：30　洗濯・掃除等	洗濯物振り分け
12：00　昼食	
13：00　引継ぎ	引継ぎ（日勤→遅番）
15：00　小学校からの帰宅	小学生受け入れ
幼稚園の帰宅	バス停まで迎えに行く
引継ぎ	引継ぎ（日勤→宿直）
15：30　宿題・入浴等	宿題の確認・連絡帳の確認・記入 お風呂のお湯入れ，幼児の衣類・タオルだし等（入浴は半数に分け実施）
18：00　夕食準備・配膳	夕食準備・配膳
18：30　夕食（幼児・小学生） 　　　※中・高校生の場合は部活があるので随時	夕食（子どもたちとともに保育士も夕食） 　　　※中・高校生の食事用意
19：00　入浴準備・入浴	幼児入浴介助，片付け
19：30　夕食の片付け 　　　　宿題学習	夕食の片付け（炊飯等の朝食の準備） 学校からの連絡等の確認・持ち物の準備
19：45　幼児・小学生低学年就寝準備	日誌・引継ぎ簿記入
20：00　幼児・小学生低学年就寝	※幼児の場合，就寝準備は職員が行い，必要に応じて添い寝や絵本の読み聞かせなどの介助。小学生は見守り
21：00　小学生就寝	
21：30　遅番者からの連絡事項の確認	遅番者退勤。戸締り確認
22：00　中学生就寝・高校生帰宅確認	夜間巡視（2時間毎に巡視）
23：00	日誌・記録記入・定時夜尿起こし実施
0：00　夜間巡視	

注：「早番」6：30～15：00，「遅番」13：00～22：00，「日勤」8：30～17：30，「宿直」15：00～翌朝9：30。

出所：筆者作成。

135

第Ⅱ部　社会的養護の実際

第2節　事例を通して学ぶ施設養護の実際

(1) お母さんとの約束

　児童養護施設の入所理由で一番多いのが，母親の放任・怠だ3,878人（12.9％），次いで，母親の精神疾患等3,519人（11.7％），母親の虐待・酷使3,228人（10.8％）となっています[2]。このように母親自身の問題により入所してくる子どもも多く，子どもたちは母親の背景を知らずに，いろいろなお願いをしてしまうことがあります。事例1-1は，母親が子どもの期待に添うことができないために生じた事例です[3]。

事例1-1　夏休みのお出かけでのトラブル

　小学5年生の佐藤京子さん（10歳，入所2年目）は，学校の友達がディズニーランドの話をしているのを羨ましく聞いていました。なぜなら，京子さんはディズニーランドに一度も行ったことがないからです。そんなとき，京子さんが入所している施設で寮ごとの夏休みの「お出かけ」の話し合いがもたれました。小学6年生の山田亜弥さん（11歳，入所5年目）は，キャンプ場でバーベキューをしたいとの提案をしました。しかし，京子さんはディズニーランドに行きたいと話をしました。

　京子さんの入所している施設では，20人で一つの寮が形成され，男子と女子がそれぞれ寮のなかで10人ずつに分かれて生活しています。寮の「お出かけ」は幼児から高校生まで全員参加する行事でディズニーランドに行くとすると，電車で移動し2時間ほどかかることになります。

　亜弥さんは京子さんの提案に対し，「1日で行ってくるには，幼児さんもいるし無理じゃない？」と話しました。京子さんはそんな亜弥さんと喧嘩になってしまいました。亜弥さんは少し興奮し「そんなに行きたいなら，お母さんに連れて行ってもらえばいいじゃない」と言い，京子さんの提案を断ち切ってし

＊2　厚生労働省「児童養護施設入所児童等調査結果（平成25年2月1日現在）」2015年。本書第5章の表5-3参照。
＊3　本章における事例は，児童養護施設の職員と共に筆者が作成したものであり，子どもの名前等はすべて仮称になっている。

第**8**章　施設養護の生活特性および実際

まいました。担当の坂口保育士（10年目）も「ディズニーランドは少し遠いかな」と話し，亜弥さんの提案を支持しました。

　多くの児童養護施設では，家庭的体験をさせたいと，夏休みに旅行やキャンプを計画します。近年では，個別対応を重視し，担当と小グループ・個人での旅行を企画することもあります。また，寮の行事の中心になるのは，多くの場合，小学校高学年の女子です。この事例でも，小学校高学年の京子さんと亜弥さんが喧嘩になり，結果として，幼児さんをディズニーランドに連れていくには支援体制が難しいとの理由で，亜弥さんが提案したキャンプ場でバーベキューを行うことになりました。

事例 1 - 2　お母さんとの約束

　佐藤京子さんのお母さん佐藤恵子さん（36歳）が 8 か月ぶりに面会に来ました。恵子さんは離婚後，以前から勤めていた運送会社の事務をしながら，一人アパートで生活しています。また，体調も不安定であり，ほとんど面会に来ることができません。しかし，娘である京子さんには，一緒に生活できず，施設に入れてしまったことをすまないと強く思っています。そのため，面会には必ずお土産をたくさん持ってきます。

　京子さんはお母さんに，「今度の休みにディズニーランドに連れて行ってほしい」とお願いしました。お母さんは，今，仕事が忙しく，突然呼び出されることも多い状況ですが，娘の頼みでもあり承諾しました。

　約束した当日，まだ日が昇る前から，京子さんはお母さんを施設の門のところで待っていました。スポーツ少年団のサッカーに行く子どもたちが，「京子，何している」と声をかけると，「お母さんとディズニーランドに行くの」と楽しそうに答えていました。しかし，お昼近くになってもお母さんは来ません。坂口保育士がお母さんに連絡を入れましたが留守電になっており，連絡が取れません。午後になって，サッカーの子どもたちが帰ってきて，「京子，まだ，門のところにいるよ」と坂口保育士に話しました。坂口保育士は，さっきから何度も京子さんに「今日は，お母さん都合が悪くなったのよ。ご飯食べよ」と話していますが，京子さんは「まだ待っている」と動きません。

　午後10時近くなって，疲れて果てて門のところで寝ている京子さんを，坂口

第Ⅱ部　社会的養護の実際

保育士が負ぶって部屋まで連れていきました。

　児童養護施設の家族との交流については，「交流なし」が18％であり，「電話・手紙連絡」が12.9％，「面会」が23.1％，「帰省」が45.9％です。[4]このように，児童養護施設は帰省の割合が多く，面会が少なくなっています。

　この事例のように，施設に入所させていることに対して子どもにすまないと思っている保護者はたくさんいます。しかし，保護者自身の生活もあり，約束が叶わないで子どもを傷つけてしまう場合もあります。保育士はそのような子どもたちと寄り添いながら生活をしています。

事例 1 - 3　保育士の支援

　京子さんはその後，些細なことで幼児や小学校低学年の子どもにあたるようになってしまいました。中学 3 年生の須藤久美さん（15歳，入所 8 年目）は京子さんが入所したときから友達であり，京子さんのことが心配になり坂口保育士に相談しました。坂口保育士は，お母さんのことがあり，京子さんの気持ちが荒れているのがわかり，強く言うこともできず困っていました。そんなときに，久美さんからの相談があったので，京子さんがディズニーランドに行くのを楽しみにしていたことを話しました。久美さんは「それなら，私が京子とディズニーランドに行ってあげる」と話してくれました。

　坂口保育士は加藤寮長にそのことを話し，久美さんとディズニーランドに行かせたいと提案しました。加藤寮長も「久美さんなら京子さんのことをよく知っているし，京子さんも心を開いてくれるだろう」と提案に賛成してくれました。また，加藤寮長は坂口保育士に，お母さんに連絡をし面談するよう指示を与えました。坂口保育士は何度もお母さんに連絡を入れ，やっと面談することができました。お母さんは，当日は仕事が忙しく，京子さんには悪いと思いながら，行くことはできなかったことを話してくれました。また，友達の久美さんが京子さんをディズニーランドに連れて行ってくれることを話しました。

　児童養護施設のような集団生活の良い点は，縦割りの交友関係があることで

＊4　前掲＊2と同じ。

第**8**章 施設養護の生活特性および実際

す。普段はよそよそしい顔をしている子どもたちでも，落ち込んでいる子や悲しんでいる子には，兄弟に近い言葉をかけてくれるときがあります。久美さんも京子さんを妹のように思い声をかけてくれました。また，お母さんとの面会については，坂口保育士が京子さんの心の傷が大きいと判断したため，すぐにお母さんに合わせるのではなく，事情を聴き，その事情を京子さんに伝え，お母さんと会いたいかを確認し，そのうえで面会の機会をつくるようにしました。

事例1-4　お母さんとの面会

　久美さんと京子さんはディズニーランドに行き，京子さんも心の内を久美さんに話し，落ち着きを取り戻してきました。

　坂口保育士はお母さんと面談をしたことを伝え，お母さんは仕事が忙しく行くことができなかったことと，京子さんに申し訳ないと謝っていたことを話しました。京子さんはしばらく黙っていて，「私には久美ちゃんがいるから」とそっと話しました。坂口保育士は何も言わずに，京子さんを見ていました。

　しばらくして，京子さんから「お母さんの仕事って本当に忙しいの？」，「お母さん大丈夫かな？」との言葉がありました。坂口保育士は「お母さんに会いたいの？」と確認し，「会いたい」との京子さんの言葉により，お母さんに連絡を入れました。

　数日して，お母さんと面会が行われました。そのときには，京子さんは落ち着いて「お母さん仕事大変なの？」と尋ね，お母さんも京子さんに会いに来るためにいろいろな人にお願いしていることを話しました。坂口保育士は，二人の会話から，お互いを思いやっていることを感じ，安心してその場を離れました。

　トラブルを起こした関係を修復するのは簡単ではありません。多くの時間が必要となる場合もあります。保育士は関係修復を焦らず，子どもの気持ちの変化を読み取り，子どもの気持ちを尊重しながら対応していくことが大切になります。この事例でも，京子さんの気持ちの変化を読み取ることがポイントになります。相手に合わせて寄り添うことは，相手を尊重し，一つひとつの言葉を大切にしていかないとできません。それには，普段からの子どもたちとの信頼

第Ⅱ部　社会的養護の実際

関係を築いていくことが大切になります。

（2）「大きな心の傷」への支援

　児童養護施設の場合，教育については地元の学校に通うことが前提になっています。そのため，ネグレクトなどの虐待で，学校に通っていなかった子や，精神的に不安定な子どもなどは，学校で多くのトラブルを引き起こすことがあります。学校との関係は，同時に地域との関係でもあります。同じ地域から通っている子どもたちとの人間関係が良好にいっている場合は，地域の施設に対する理解も得られることが多く，反面，学校でのトラブルが多い場合は地域との関係が難しくなってしまう場合もあります。

　ここでは，事例を通して，学校やその他機関との支援連携について考えてみましょう。

事例2-1　入所時の出来事

　武田健司くん（小学5年生，10歳）が児童相談所のケースワーカーと一緒に児童養護施設に入所してきました。入所理由は，父親と二人暮らしをしていたが，父親が行方不明になり，本人一人がアパートに置き去りにされたため，大家さんからの通報で児童養護施設に入所となりました。

　健司くんは身長150cm，体重50kgほどの大柄な児童です。「健ちゃんはね」などの幼児語と思われるような言葉づかいをしていましたが，ほかには特に問題になるようなことはありませんでした。

　しかし，岩田保育士（8年目）と食堂で話していると幼児の何人かが食堂に入って来て，幼児の一人が「おデブちゃん」と言うと，健司くんは急に興奮し，机を拳で叩き怖い形相になりました。岩田保育士は慌てて，幼児との間に入り，「どうしたの？」と健司くんに話しました。健司くんはしばらく黙っており，その後，何もなかったように食堂から出て行きました。

　緊急に保護された場合，児童相談所も児童についての多くの情報をつかんでいない場合があります。また，個人情報保護法の観点から，最小限の情報しか児童養護施設には伝えない場合もあります。このような場合，担当となった職

第**8**章　施設養護の生活特性および実際

員が児童を観察しながら，他の児童との関係を築いていくことが大切となります。

事例2-2　学校での出来事

　武田健司くんが入所してきてから，3か月後，担任の橋本先生から児童養護施設に連絡が入りました。学校に来てから，仲良くなった友人の川田くんを殴ってしまったとのことです。原因は，体操服が少し小さめだったため，川田くんがそれを見てからかったからとのこと。からかう前までは，普通に笑っていたが，「その体操服ちっこいんじゃない」と笑いながら言ったら，急に殴りかかってきたとのこと。怪我自体はたいしたことはないが，友達がみんな怖がってしまったとのことです。

　その後，児童養護施設のなかでも同じ学年の女子の山田さんと話しているときに，急に顔色が変わり首を絞めたとの報告が入りました。担当の岩田保育士は本人と面談し，「暴力は絶対いけない」と話をしましたが，うつむいて涙を見せているだけで，何の返答もない状態になってしまいました。

　困った岩田保育士はケースカンファレンスを実施したいと前田寮長に申し出ました。

　ケースカンファレンスの場合，担当である岩田保育士が入所からのケースの状況について，まとめ，問題点を整理し，今後の支援方法について提案がなされます。健司くんの場合，「なぜ，暴力を突然振るうのか」の情報収集を行い，当面の対応として，学校での状況と施設での生活について，両者が共通理解できる場を設けることを決めました。具体的には，週に一度，岩田保育士が学校に出向き橋本先生と情報交換を行うこととしました。また，児童相談所に連絡し母親の状況について確認をすることも提案されました。

事例2-3　母親と面談

　岩田保育士が児童相談所の星野ケースワーカーに連絡を入れ，母親の状況について知りたいとのことを話しました。しばらくして，星野ケースワーカーから返答があり，母親は，父親のDV（ドメスティックバイオレンス）のため母親の実家で保護されていたとのことです。健司くんと一緒だと父親が探す恐れが

141

第Ⅱ部　社会的養護の実際

あるため，置き去りにしたとのことです。
　その後，母親の武田由美子さんが，星野ケースワーカーと一緒に児童養護施設に来所し，母親から父親の健司くんに対する虐待についての話がありました。父親は厳しい人で，父親が帰宅し，食事中に健司くんが泣くと父親からの暴力が出るため，父親が帰宅する前に母親は健司くんを寝かせていたとのことです。また「男は馬鹿にされてはいけない，殴られたら殴り返せ」とのことをよく言い，健司くんに対しても頭を拳固で殴っていたとのことです。母親は父親の存在が怖いのと，健司くんを置き去りにしたことへの後悔から会わずに帰るとのことでした。
　岩田保育士は前田寮長に報告し，星野ケースワーカーと今後の方向性について検討しました。

　母親の存在は，このケースのキーパーソン（key person）となります。キーパーソンとは人間関係のなかで大きな影響を全体に及ぼす「カギとなる人物」のことです。当初は，父親に置き去りにされ，虐待等はなかった家族と思われていましたが，虐待による心の傷があることが判明しました。前田寮長は施設内の心理療法担当職員に相談し，健司くんの心の傷についての対応を模索する方向を示しました。同時に，学校との連携をどう行っていくかを課題としました。
　本ケースの場合，前田寮長が，健治くんの暴力が父親の虐待と何らかの関係があるのではとの判断から，心理療法担当職員につなげました。心理療法担当職員も「健司くん自身が暴力はしてはいけないと思っているが，暴力をしてしまう」ことに注目をし，定期的な面談につなげていく方向性を示しました。また，児童相談所には母親との定期的な情報交換を依頼し，面会までの目標を設定しました。

事例 2 - 4　学校との連携

　その後，健司くんは徐々に学校に通えなくなってしまいました。また，学校に行っても保健室で過ごすことが多くなりました。岩田保育士は定期的に学校に行き，学年主任である山岸先生と連絡し合うようになりました。岩田保育士，

第**8**章　施設養護の生活特性および実際

　山岸先生は，学校に行けないときに健司くんが施設でどう過ごしているか，また，学校になぜ行けないのかを話しているうちに「健司くんの心の傷」の大きさを感じるようになりました。

　山岸先生は健司くんが学校に通えないときには，必ず放課後，施設を訪問し健司くんに会いに来てくれました。同時に，岩田保育士も心理療法担当職員の「健司くんの心の傷を癒すためには母親との関係修復が大切である」とのアドバイスから星野ケースワーカーに連絡し，母親との関係調整を行うように努めました。しばらくして，星野ケースワーカーから母親が施設での話し合い（合同ケース会議）に参加することの承諾を得たと連絡がありました。

　健司くんの話し合い（合同ケース会議）には，健司くんの母親と，小学校の山岸先生，星野ケースワーカー，富田心理療法担当職員，岩田保育士，前田寮長が参加しました。まず，健司くんが施設に入ってからの状況説明を岩田保育士が行い，学校での状況，登校できない状況について話し合いが行われました。母親は，自分以外の多くの人が健司くんのことを理解し，心配していることに対し「申し訳ない」との気持ちを打ち明けました。また，富田心理療法担当職員からの「健司くんは，心のどこかで守られていなかった自分を感じている」との指摘から，母親は，自分が夫との関係のなかで逃げていたことを話しました。

　心に傷を負った子どもたちの支援には，担当保育士だけでは解決できない問題が多く含まれます。この事例でも保育士，ケースワーカー，教員，心理療法担当職員などの多くの人が知識を出し合い，共有していくことによりその道筋が見えてきました。しかし，ここからが始まりであり，このような関係をいかに継続していくのかは担当である保育士などの力量によるところが大きいと思います。特に，施設で働く保育士は，利用者への支援とともに，各関係機関との連絡調整を行うコーディネートの支援方法が必要となってきます。

第3節　演習を通して施設養護の理解を深める

　保育を学ぶ学生のなかには，カリキュラムの都合上から，保育実習Ⅰ（施設

第Ⅱ部　社会的養護の実際

表8-2　実習未経験者と経験者との施設利用者に対するイメージの違い

学生	児童養護施設の子どもについての印象
A（実習未経験）	虐待を受けていたり，家庭環境が少し複雑な子ども。いろいろ抱えているのだと思うし，施設で職員の方たちのもとで，元気に生活しているイメージ。でも，本当に甘えられる人がいないのではと感じる。
B（実習未経験）	親の虐待等で入所しているので，人との関わりを拒絶している。あるいは怒りっぽい性格である。人との関係で暴力は普通のことだと思っている。または非常におびえている。自分を見せたがらないと感じる。
C（実習経験者）	実習前は暗い子・表情が乏しい・暴力的などと思っていたが，実際に実習に行ってみると普通の子と変わらないのだと思った。外の子よりできることが多く，下の子の面倒見が良いなど，良い面もあることを知った。
D（実習経験者）	一人ひとり異なるものを背負っているが，自分の状況や過去を受け止め一生懸命生きている子どもたち。保護者と一緒に暮らすことはできないがそれが幸か不幸かはその子どもによって異なる。家庭で暮らす子どもと比べ，より深い愛情が必要である。

出所：筆者作成。

実習）を経験する前に，本授業（社会的養護Ⅱ）を行う場合と，実習を経験してから本授業を受ける場合があります。たとえば，実習経験者と未経験者との間には，表8-2に示すような違いがあります。

　保育士としての技術を向上させていくには，体験した実習での出来事を整理し，他の人との考え方と照らし合わせていく作業（スーパービジョンの取り組み）が大切になります。ここでは，実習体験前の演習と実習体験後の演習に分けてみました。

（1）実習体験前の演習

　実習前には，児童福祉施設の個別課題について整理しておくことが大切です。これには，一人ひとりの興味・関心のあるものに視点を当てることが必要です。

✎ 演習1　施設のことを調べてみよう

　次の児童福祉施設のうち，興味がある施設について，施設の目的，対象児童，職員配置，日課，問題点と課題についてまとめましょう。
　乳児院，母子生活支援施設，児童厚生施設，児童養護施設，障害児入所施設，

第**8**章　施設養護の生活特性および実際

　児童発達支援センター，児童心理治療施設，児童自立支援施設，児童家庭支援
センター

　保育を学ぶ学生の多くは，保育所保育士を目指していると思います。最初か
ら保育所以外の施設に興味・関心をもって学んでいる学生は少ないでしょう。
しかし，保育士の仕事は，保育所を含めた児童福祉施設で働く仕事です。児童
福祉施設を調べることにより，施設で生活する子どもたちの状況や保育士の役
割について理解を深め，保育士の仕事の幅の広さを理解することが大切です。

（2）実習体験後の演習

　保育実習Ⅰ（施設実習）を体験した学生については，スーパービジョンとし
ての取り組みが必要です。これは「なぜ，児童福祉施設の職員は子どもたちに
あのように支援をしているのか」を考えさせる取り組みでもあります。

―― ✐ 演習2　施設実習を振り返って[5] ―――――――――――――――――

①演習テーマ
　「施設実習で学んだこと，感じたこと，感動したこと。」

②目　標
　インタビューを通して，自らの実習体験を再確認するとともに，福祉施設の
理解を深める。

③演習の概要と進め方
　2人組になってもらい，15分間のインタビューを行う。
　・実習施設の概要
　・実習施設の利用者状況
　・実習の目標
　・実習を通して学んだこと
　・実習の中で大変だと思ったこと

――――――――――――――――――――――――――――――――――

＊5　小野澤昇・田中利則・大塚良一（編著）『保育の基礎を学ぶ　福祉施設実習』ミネルヴァ書房，
　　2014年，212頁。

145

第Ⅱ部　社会的養護の実際

　　・実習で感動したこと
　　・実習で楽しかったことなど

④インタビューのポイント
　インタビューは「実習を通して，福祉施設をどう理解したか」を知ることを
目的とする。インタビューでは「施設の概要」「実習で楽しかったこと」「実習
でつらかったこと」「施設での人間関係」「実習で感動したこと」「記録簿など
の提出状況」など，できるだけ多方面から話を聞く。
　　※傾聴の技術について確認する。
　　※個人情報の取り扱いについて説明しておく。

⑤インタビューの整理（10分間）
　「施設の概要」「実習で楽しかったこと」「実習でつらかったこと」「施設での
人間関係」「実習で感動したこと」「記録簿などの提出状況」などをまとめ，そ
の人が実習で学んだことの全体像をつかむ。

⑥インタビューの発表（ペアごとに3分程度）
　施設種別で発表させ，担当教員からそれぞれの施設について解説を行う。

　また，実習体験を整理するにはブレインストーミングでの話し合いを行い，
カードを利用しKJ法で図示し，発表することも有効です。ブレインストーミ
ングのテーマは「施設で生活する子どもたち」，「実習で感じたこと・考えたこ
と」などとし，カードを作成し，それを模造紙に貼り，「同じようなカード」
を集約させ，それぞれ名札を付け，関係性をつけていくものです。
　KJ法の提唱者である川喜田二郎は「ブレインストーミングで吐き出したい
ろいろなアイディアのみならず，この方法の『精神に沿って』吐き出された情
報は，たんに枚挙するだけではなく，組み立てられなければならない。なんら
かの構造あるものに組み立てなければいけない。その組み立てにあたって，い
わば統合を見出していくのに使うのが，のちに述べるKJ法である。これは構
造づくりである[*6]」と言っています。

─────────────────────
＊6　川喜田二郎『発想法──創造性開発のために』中央公論社，1967年，61頁。

146

第**8**章　施設養護の生活特性および実際

┌─── **コラム　ブレインストーミング・KJ 法** ───┐

　ブレインストーミングは，アレックス・F・オズボーン（Osborn, A. F.）に
より考案された会議方法の一つです。自由なアイディアを求めるため，批判や
判断，結論を出さない，自由奔放，奇抜なアイディアを歓迎，さまざまな角度
から多くのアイディアを求め，出されたアイディアの統合や変化をさせるなど
のものです。これはアイディアを集団で出し合うことによりさまざまな発想を
誘発することを期待する技法です。

　KJ 法は，川喜田二郎が考案したデータを集約し新たな発想を生み出すため
の手法です。KJ とは考案者のイニシャルです。データをカード化し，カード
をグループにまとめ関係性を構築し，図解にまとめていくものです。共同作業
にも用いられ，集団でアイディアを出し，図解にまとめる作業のなかで，発想・
想像の過程を経て，問題解決の糸口を見つけていくことにも活用されています。

└──────────────────────────────┘

　一人ひとりが，実習を通して気づいたことを構造化していくことにより，新
たな気づきが生まれるとともに，施設理解を深めることになります。

📖 さらに学びたい人のために

○近藤千恵『人間関係を育てるものの言い方』大和書房，1995年。

　　自分をどう表現するかは，自分のことを知ることから始めることが大切とな
　　ります。しかし，厄介なのは「自分を知る」にはどうしたらよいかということ
　　です。本書はトマス・ゴードン「親業」を紹介した筆者がいろいろな人間関係
　　のなかで自分の出し方を探ったものです。自分を知るため，また，相談支援の
　　基本的事項を整理してくれる本です。

○佐々木正美『はじまりは愛着から──人を信じ，自分を信じる子どもに』福音
　館書店，2017年。

　　子育てについて著者は「子育ては人間関係を作っていくことであり，その人
　　間関係は，夫婦にしろ親子にしろ，家庭の中だけで成熟することはありませ
　　ん」と言っています。児童精神科医の筆者が独特の視点で子どもとの関係につ
　　いて語っています。子どもを理解するための一つとして一読願いたい。

［大塚良一］

第9章

家庭養護の生活特性および実際

> 子どもの権利条約や，児童福祉法では，「家庭における養育環境と同様の養育環境」において子どもを養育することが求められています。わが国の里親委託率は欧米主要国と比べて非常に低い状態であるともいわれ，委託率の向上が目指されています。
>
> 本章は，里親制度が一般にまだあまり知られていない制度でもあることから，家庭養護である里親制度と，そこから派生したファミリーホームの現在の状況を確認します。
>
> 「子どもの最善の利益」を守るための家庭養護とはどのようなものなのか，それを実現するために何が必要とされるのかを，現状をふまえたうえで，事例や演習を通して考えていきましょう。

キーワード▶家庭養護の特性，里親制度の実際，ファミリーホームの実際，里親支援

第1節　家庭養護の特徴

（1）家庭養護としての里親制度

　本書第5章でも確認したように，2016年の児童福祉法改正で，家庭で適切な養育を受けられないときは，家庭に近い環境での養育を進めることとされました。家庭に近い環境とは，①養子縁組による家庭，②里親家庭，③ファミリーホーム（小規模住居型児童養育事業）のことです。「家庭養護」とは，これらの家庭に近い環境のなかで子どもたちを養護することを指します。家庭養護の特徴は，里親等の家庭のなかで子どもたちと生活を共にすることにあります。私たちは，家庭のなかで親や兄弟などと関わり，家族の形や親の役割を学ぶといわ

第Ⅱ部　社会的養護の実際

れていることを考えても，子どもたちが家庭のなかで育つことは非常に大切です。また，特定の大人との安定した関わりは，愛着形成にも良好な影響を与えます。

しかし，家庭と近い環境であるからこそ，戸惑いを覚える子どもがいるのも事実です。次の事例を読み，家庭に近い環境で子どもたちを養護するとはどのようなことなのか考えてみましょう。

事例1　里子の抱える複雑な思い

児童相談所の一時保護所で保育士をしている春子さん（仮名）には，気になる子どもがいます。それは夏郎くん（仮名）という小学5年生の男児です。小学1年生のときに母親が死亡し，児童養護施設へと入所しました。入所前には，一時保護所を利用し春子さんも保育を担当していました。一時保護所では亡くなったお母さんのことを思い出して泣いていることが多かったため，春子さんが一緒にいる時間も長かったのです。児童養護施設に移ってからは，少しずつ笑顔が見られるようになってきたと聞きます。

小学3年生になったときに，養育里親家庭との生活が始まりました。ところが，夏郎くんは，里親との生活を開始してから3か月後，里親家庭から家出し，保護され一時保護所にやってきました。職員が家出の理由をたずねると「里母に叱られたから」と話します。担当の児童福祉司が，夏郎くん，里父里母と面談したところ，大きな問題はなく里親家庭での生活は順調であると判断されたため，夏郎くんは里親家庭に帰りました。しかし，夏郎くんはその後もたびたび家出をし，保護され児童相談所の一時保護所にやってきます。

ある日，春子さんは，夏郎くんから「自分の部屋もあるし，お母さんも優しい。……今のお母さんを好きになったら，亡くなったお母さんは悲しむかな？」と問いかけられたのです。

--- ✎ 演習1 ---

みなさんが，保育士である春子さんの立場だったら，どのように夏郎くんに返答をするか考えてみましょう。

夏郎くんは，里親家庭が嫌だったわけではなく，新しい家庭に慣れていくなかで，亡くなった実母，育った家庭への思いを募らせていたのです。子どもたちは，この事例のような親の死亡だけでなく，実親からの虐待や養育拒否など，さまざまな事情で実親と暮らすことができなくなり，施設養護や家庭養護を利用しています。家庭養護は，里親が自分の家庭のなかで，子どもと生活をすることに特徴があります。里親のことを「おとうさん」「おかあさん」と呼ぶことも多いです。

子どもは，新しい家庭と自分が育った家庭との違いに戸惑うこともありますし，たとえ虐待をした親であっても実親のことを慕っています。保育士としてそれらのことをふまえた関わりが必要です。

夏郎くんは，春子保育士からの「夏郎くんはどう思う？ 亡くなったお母さんは悲しむかな？」との問いかけに，少し考えたあと，「お母さんなら喜ぶと思う」と自分で答えを出すことができました。また，児童福祉司の働きかけによって，夏郎くんの部屋に亡くなったお母さんの写真を飾ったり，里母に実母のことを話したりすることで，家出をすることもなくなりました。家庭養護には，このように子ども一人ひとりの状況に合わせた個別的な対応がしやすいという特徴もあります。

養子縁組里親以外の里親は，子どもを実家庭に返す可能性，施設への措置変更となる可能性があることを理解した関わりも求められています。

（2）家庭養護の現状

2017年に，厚生労働省「新たな社会的養育の在り方に関する検討会」より出された「新しい社会的養育ビジョン」でも，家庭養護を増やしていくことが目指されていました。約7年以内に6歳以下の未就学児の75％を里親委託，学童期以降は約10年以内に里親委託率を50％にすること，さらに特別養子縁組の成立件数を5年間で現在の2倍の1,000件にするという数値目標が出されています。

では，わが国の現在の家庭養護の利用率はどのようになっていると思いますか。

第Ⅱ部　社会的養護の実際

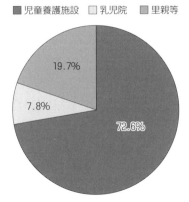

図9-1　施設養護・家庭養護の割合（2018年3月末）
注：「里親等」とは，2009年度から制度化されたファミリーホームを含む。
出所：厚生労働省「社会的養育の推進に向けて（平成31年4月）」2019年，23頁より筆者作成。

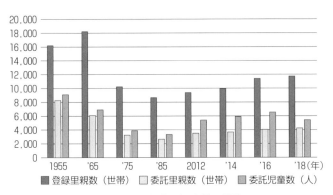

図9-2　里親数と児童数の推移
注：2012年度以降，委託児童数はファミリーホームも含む。
出所：厚生労働省「福祉行政報告例」各年度末現在の数値より筆者作成。

- 演習2

100人の社会的養護が必要な子どもがいた場合，日本では，家庭養護と施設養護を利用する子どもはそれぞれ何人だと思いますか。考えてみましょう。

第**9**章　家庭養護の生活特性および実際

　100人の社会的養護が必要な子どもの約80人が児童養護施設，乳児院といった施設養護，約20人が家庭養護を利用しています（図9-1参照）。

　図9-1のように，施設養護が約80％，家庭養護が約20％となっています。また，図9-2は，里親登録数，委託世帯数，委託児童数の変化をグラフに示したものです。近年，登録里親数，委託児童数ともに増加傾向が見られます。

第2節　里親制度の実際

　本書第5章（図5-2；p. 72参照）で確認した通り，里親には，養育里親・専門里親・養子縁組里親・親族里親という種類がありました。

　児童福祉法上の仕組みではないため，この表には示していませんが，季節里親や短期里親と呼ばれる里親もいます。夏休みやお正月休み，週末などに1泊から1週間程度子どもを家庭で預かるものです。このような私的な里親ではなく，ここで取り上げているのは，児童福祉法に則った里親の現状です。法律に則った上記の里親には，子どもの養育費や，養育里親には手当が支給されていることも本書第5章（図5-2参照）で確認をしました。

　本書第5章の図5-2に示されている里親の登録世帯数，委託世帯数，委託児童数を確認すると何点か疑問がでてきます。たとえば，登録世帯数に対する委託世帯数の低さ，特に養子縁組里親での登録数と委託数の差は大きくなっています。また，親族里親数の低さに気づいたみなさんも多かったことでしょう。これらの事実は，現在の里親制度でも課題とされている部分です。

　里親となる要件の詳細は自治体によって異なります。自治体によっては，親族里親に「里親申込者である親族が，親族里親制度によらず当該児童を養育する場合，当該親族が経済的に困窮し，生計を維持することが困難となってしまう状況にあること」といった要件を課しているため，制度上の親族里親と認められず，子どもの養育費を受け取らずに子どもを養育している場合も多くあるのが現状です。

　また，養子縁組里親は，子どものパーマネンシー保障（永続的計画・解決）が

153

第Ⅱ部　社会的養護の実際

表9-1　里親の就業状況（2018年3月1日現在）

委託里親数	里親の構成	里親の就業状況	
4,291 (100%)	夫婦世帯 3,728 (86.9%)	共働き	1,770 (41.2%)
		一方が働いている	1,679 (39.1%)
		どちらも働いていない	279 (6.5%)
	ひとり親世帯 563 (13.1%)	働いている	359 (8.4%)
		働いていない	204 (4.8%)

出所：厚生労働省「社会的養育の推進に向けて（平成31年4月）」2019年，146頁。

目指される現在，その数を増やすことが求められています。本書第5章でもみたように，子どものパーマネンシー保障とは，成人後の生活も含めた永続的な特定の養育者との関係性を保障することとされています。現在の里親制度では5年以内に約7割の子どもが里親家庭を離れています（2017年度末）。実家庭に戻る子どももいますが，自立や児童福祉施設に措置変更される子どもも少なくありません。子どものパーマネンシー保障ができる制度となることが課題になっています。

　さて，里親の就業状況を確認してみましょう。表9-1からもわかるとおり，約半数の世帯が，子どもの年齢によっては，保育所を利用する可能性の高い世帯であり，就労と子育ての両立という課題を抱えることとなります。

　就労と子育ての両立だけでなく，実子がいる場合には，実子との関係や，地域との協力関係の構築，さらに子どもによっては虐待や実親からの養育拒否による影響であると思われる問題行動を起こすこともあり，多様なニーズを抱えた里親家庭への支援が求められています。

事例2　里母の悩み

　秋男くん（仮名：3歳）が里親家庭である冬木家（仮名）にやってきてから2か月になります。里母である冬子さん（仮名）の今の悩みは，秋男くんの異常な食欲です。家庭に来てから1か月は気にならなかったのですが，このところ普段の食事も大人と同じ量を食べ，特に果物類を食べ始めるときりなく食べ続けているのです。先日は，段ボール1箱のミカンを2日で食べてしまいまし

第**9**章　家庭養護の生活特性および実際

た。保育所ではそのようなことはないと保育士から聞き，冬子さんは自分の食事の提供の仕方が間違っているのかと悩んでしまいました。そこで，冬子さんは，秋男くんが通っている保育所の保育士に，このまま食事や果物を与え続けてよいものか相談することにしました。

🖊 演習3

　みなさんが，相談された保育士の立場だとしたら，どのように冬子さんにアドバイスしますか。グループでロール・プレイ（役割演技）をしながら考えましょう。

〈ロール・プレイの手順〉
1．グループをつくり，どのようにアドバイスをするのか，〈食事を制限するのか・しないのか〉，〈保護者に伝えたいことなど〉方向性を話し合いましょう。
2．各グループ内でペアをつくり，保育士，冬子役を決めます。
3．それぞれの役になりきって，相談の場面を演じてみましょう。そのときには，演じている台詞だけでなく，自分の気持ちの変化も意識してみましょう。
4．感想をまとめます。
5．役を交代して，もう一度同じロール・プレイを行います。（台詞は前回と異なって構いません）
6．ペアでロール・プレイを振り返ってみましょう。

　保育士として，子どもへの支援だけでなく親への支援が求められていることについて，みなさんはすでに学んできていると思います。家族形態の変化など，さまざまな家庭を取り巻く環境の変化によって，保護者が求める支援は多様化し，特別な支援が必要な保護者が増えることも予想されます。そのため，保育者にはさまざまな知識や技術が求められています。

　里親に委託された子どもの偏食や過食は，子どもの急激な環境の変化などもあり，よく見られるケースです。また，里親家庭に慣れてきて，「ここにいた

155

第Ⅱ部　社会的養護の実際

┌─── コラム　ロール・プレイ（role play）とは ───┐

　ロール・プレイとは，役割演技と訳されます。子ども・保護者（利用者）と，保育士など（支援者）の関わりの場面を，役になりきって演じるという体験を通して，自分の支援者としての考え方や行動のくせ，利用者の心境などを知ることができます。保育・福祉分野だけでなく，多くの場面で使われる手法です。

└────────────────────────────────┘

い」と子どもが思いはじめた時期にいわゆる「試し行動」が起こることもよく知られています。この時期の食に関しては，栄養バランスやしつけなどよりも，子ども本人の満たされたという気持ちを優先させることが大切であり，愛着関係を築くことにより，次第に落ち着いてくることが多いものです。

　この事例の相談であれば，里母である冬子さんの現在の困りごと，不安を傾聴し，秋男くんが自分の要求を冬子さんにぶつけることができる関係性をつくることができたことを認める関わりが適しているでしょう。食については，現在の冬子さんの対応が正しいこと，3〜4週間様子を見ても変化がないときなど，不安が出てきたらいつでも相談してほしいことを伝えます。その後も状況が改善されないようであれば，かかりつけ小児科医，児童相談所などと連携をとりながら対応を検討します。

第3節　ファミリーホームの実際

　ファミリーホームとは，養育者の住居において家庭養護を行うものです。2008年の児童福祉法改正により「小規模住居型児童養育事業」として全国的に実施されました。制度化される前は，里親型のグループホームとして自治体によって行われていた事業で，それを国が制度化したものです。

　委託を受けることのできる子どもの数は里親よりも多く，5〜6名が定員となっています。2018年3月には，ホーム数347か所，委託児童数は1,434人とその数を増やしています。

　里親制度も同じですが，各家庭の状況や委託された子どもの年齢により，生

表9-2 ファミリーホーム（吉田ホーム）の標準的な日課

	平日
5：00	父母▷起床，朝食準備・弁当作り。 高校生▷起床，朝食
6：00	高校生を駅まで送る。 洗濯機を廻す（1回目）。
	駅から戻り，中学生を起こす
7：00	中学生▷朝食。 洗濯機を廻す（2回目），洗濯物を干す。
	特別支援学校生送迎。 中学生▷登校
8：00	洗濯機を廻す（3回目）。 大人の朝食を準備・大人▷朝食
9：00	洗濯物，布団を干す。
	A子を病院へ連れていく，その後学校へ送っていく。
	父▷児童相談所等と電話打ち合わせ等
10：00	父▷銀行，役場等へ 母▷学校より戻る
11：00	養育補助者▷勤務来宅 各自の部屋点検清掃・風呂2箇所トイレ3箇所清掃
12：00	補助者▷昼食準備。 父▷帰宅 昼食・片付け
13：00	ホーム職員ミーティング
14：00	母▷買い物 補助者▷台所掃除・掃除機かけ 父▷帳簿類作成
15：00	布団，洗濯物取り込み，衣類整理等。 父▷管理業務等
16：00	母▷帰宅 大人▷休憩 子ども▷おやつ，読み聞かせ
	母▷里親からの電話相談
17：00	夕食作り，社会福祉協議会から電話。 特別支援学校生を迎えに行く
18：00	中学生▷帰宅
19：00	夕食・懇談 養育補助者▷勤務終了帰宅 父▷町内会の会合
20：00	後片付け 子どもたち▷テレビ・ゲーム
	高校生を駅まで迎えに行く。 父▷帰宅
21：00	高校生▷夕食，入浴 母▷片付け 父▷中学生の勉強をみる
22：00	子ども▷各自の部屋へ入った後，就寝。 洗濯機を廻す（翌朝干す）。
23：00	父▷管理業務記帳等雑務 父母▷入浴後子ども部屋を見廻り，就寝

出所：吉田菜穂子『里子・里親という家族──ファミリーホームで生きる子どもたち』大空社，
2012年，30頁。

活リズムは大きく異なります。一例として，養育者夫婦，実子（高校生）のほ
か，高校生3名，中学生3名で生活をしている吉田ホームの1日の流れを紹介
します（表9-2）。

　里親制度と比較して多くの子どもと生活を共にするため，子ども同士の関係
性の問題，養育者のレスパイトケア，近隣住民からの理解を得る必要性など解
決すべき課題があります。

第Ⅱ部　社会的養護の実際

第4節　里親への支援体制

　里親制度，ファミリーホーム事業ともに，解決すべき課題を抱えている現状がありました。この後確認するように，里親支援の内容は，児童相談所運営指針や里親委託ガイドラインで定められています。支援体制は図9‐3のように，児童相談所の里親担当職員，里親委託等推進員，里親会の里親支援担当者，施設の里親支援専門相談員，児童家庭支援センターの職員等が，チームとして，里親委託推進・里親支援の活動を行うとされています。現在の支援は，これらの課題を解決するものとなっているでしょうか。現状を確認したうえで考えてみましょう。

　地域のさまざまな子育て支援事業をベースに，里親支援機関である児童家庭支援センターやNPOなどさまざまな事業主体による支援が行われます。その内容は，里親制度の普及促進，里親委託推進，里親家庭への支援とさまざまです。児童養護施設や乳児院には，里親支援専門相談員（里親支援ソーシャルワーカー）が置かれています。さらに，里親会が里親同士のピアサポートの支援をしています。児童相談所はこれら取り組みの中心となり，里親担当者が配置されています。このように，里親には複数の相談窓口が確保されるようになりました。

───── ✏️演習4 ─────

　里親家庭への支援として必要だと思われる支援を具体的に考えてみましょう。その方法として本書第8章で説明されているブレインストーミングを行い，カードにより整理してみましょう。

〈演習の手順〉
・4～6名のグループをつくります。
・グループに模造紙1枚，各自の手元にカード（付箋紙）・ペンを準備します。
・個人の作業として，カードに必要と考えられる支援を書きます。（1枚のカ

158

第9章 家庭養護の生活特性および実際

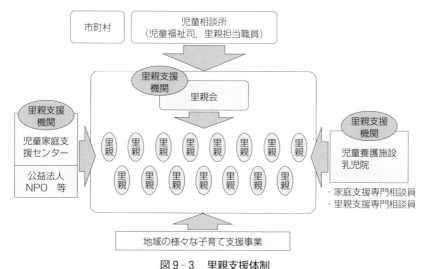

図9-3 里親支援体制
出所：厚生労働省「社会的養護の現状について（参考資料）」2017年。

　ード（付箋紙）に1つの支援を簡潔に一言で書きましょう）
・グループでカード（付箋紙）を見せ合いながら，模造紙の上で同じ内容のカードを集めます。
・集まったカードのグループごとに名札（名前）をつけましょう。
・模造紙をもとに，グループで検討した支援内容を発表します。

　各グループが発表した模造紙を並べ振り返ってみましょう。里親委託率を向上させるためのもの（説明会などの啓蒙活動，里親と里子のマッチングのためのさまざまな機関の連携など），里親家庭での課題を解決するもの（ピアグループによるサロンの実施，レスパイトケア，育児相談など），特別養子縁組を促進するための連携などが出されたグループが多かったのではないでしょうか。

　では，子ども（里子）のための支援案が出たグループはどれぐらいありましたか。里親制度の本来の目的は，「子どもの最善の利益」を保障するためのものです。里親への支援を考えることも当然必要ですが，そこで暮らす子どもへの支援も同時に必要とされます。

　文化の違いや，里親制度の仕組みが各国で異なっているため，日本ですぐに

第Ⅱ部　社会的養護の実際

同じ問題が起こるとは言いきれませんが，里親制度が進んでいるといわれている諸外国で起こっている「フォスターケアドリフト問題」を引き起こさない支援を検討しておく必要があります。フォスターケアドリフト問題とは，里親家庭を短期間で何か所も移動しなければならない子どもが多い問題のことです。

　里親の委託率を向上させることだけを目指すのでは「子どもの最善の利益」は守られないのではないでしょうか。諸外国における課題もふまえ，「子どもの最善の利益」を保障し，子どものパーマネンシー保障が可能な家庭養護のあり方を検討することが求められています。

📖 さらに学びたい人のために

○古泉智浩『うちの子になりなよ──ある漫画家の里親入門』イースト・プレス，2015年。

　　不妊治療に悩む夫婦が里親制度を知り，男の子の赤ちゃんを養育することになるという筆者の体験にもとづいた漫画です。里親となる夫婦の心境はもちろん，制度についても漫画のなかでわかりやすい解説があります。続編として，古泉智浩『うちの子になりなよ──里子を特別養子縁組しました』イースト・プレス，2017年も刊行されており，里親制度と養子縁組制度の違いについての理解を深めることができます。

○吉田菜穂子『里子・里親という家族──ファミリーホームで生きる子どもたち』大空社，2012年。

　　実子を育てながらファミリーホームで里子を養育する吉田ホームの日常が，わかりやすく詳細に描かれています。本章においても１日の流れを引用しています。里子の心境やそれを見守る里親の気持ちも紹介されており，ファミリーホームの実際をイメージするのに役立ちます。

○パトリシア・ライリー・ギブ，もりうちすみこ（訳）『ホリス・ウッズの絵』さえら書房，2004年。

　　里子として，いくつもの家庭で暮らす少女の様子が描かれます。諸外国で問題となっているフォスターケアドリフトが子どもにどのような影響を与えるか考えさせられます。里子となる子どもの心境はもちろん，多くの人との出会いを通して成長していく少女の生き方を物語を通して感じることのできる本です。

［橋本理子］

第 **10** 章

支援の計画と記録および自己評価

・・・

　社会的養護の現場は，一人ひとりの子どもに応じた自立支援計画にもとづき，関係する職種が協力して支援を行っています。自立支援計画は，子どもと家庭に関する適切なアセスメントにもとづいて策定され，支援が提供されます。そして，定期的な見直し，評価が行われ，再び支援が提供されます。自立支援計画が適正に継続するためには，記録の実施や自己評価等が求められます。

　本章では，社会的養護における支援の計画と記録および自己評価等について，基本的な知識を学び，理解を深めていきます。

キーワード▶アセスメント，自立支援計画，記録，ソーシャルワーク，個別支援計画，
　　　　　　自己評価，第三者評価

第1節　アセスメントと自立支援計画

(1) アセスメントの重要性

　社会的養護は，親のない子どもや親に監護されることが適当でない子どもを公的責任で社会的に養育し保護するとともに，養育に困難を抱える家庭へ支援を行います。本書第3章でも確認したように，社会的養護の基本理念として，「子どもの最善の利益のために」と「社会全体で子どもを育む」の2つがあげられます。また，原理として，①家庭的養護と個別化，②発達の保障と自立支援，③回復を目指した支援，④家族との連携・協働，⑤継続的支援と連携アプローチ，⑥ライフサイクルを見通した支援などが定められています。子どもの自立を支援するためには，一人ひとりの心身の発達と健康の状態およびその置かれた環境を的確にアセスメントし，これにもとづいた適切な自立支援計画を

第Ⅱ部　社会的養護の実際

策定することが求められます。

　施設におけるアセスメントとは，一人ひとりの自立を支援するために，その人の全体性やその人に影響を及ぼす療育環境に焦点をあて，必要な情報を収集，分析して総合的に実態把握・評価することです。アセスメントの内容は，「子どもに関する側面」「家庭に関する側面」「地域社会に関する側面」の3つの側面とその関係性などについて，総合的に分析・検討することが重要です。

　具体的なアセスメント内容では，子ども本人の状況を考える視点（子どもに関する側面）として，子どもの健康状態，情緒や行動の発達，子どものライフストーリー，その子どもらしさなどがあげられます。

　保護者を含む家族の状況を考える視点（家庭に関する側面）では，自らの家族史，家族間の関係性，家族の生活環境などがあげられます。

　生活する地域社会の状況を考える視点（地域社会に関する側面）では，コミュニティとの関わり，活用可能な社会資源の質と量などがあげられます。[1]こうして集められた情報を総合的に評価・分析し，自立支援計画の策定につなげます。

（2）自立支援計画の策定過程とその展開

　自立支援計画の策定とその展開について，図10-1に示します。

　施設は総合的なアセスメントを行うために，児童相談所，出身学校および子どもとの面談などから得られた情報をもとにケース概要票を作成します。その際に不足している情報があれば，関係機関などから収集します。そして，アセスメント結果などをもとにして，自立支援計画を策定することになります。策定にあたっては，本人，保護者，関係機関等の話をよく聴き，子どもの最善の利益を考えて作成します。策定された計画について，子どもや保護者に説明し，合意を得ておくことが必要です。そして，自立支援が実施され，計画通り実施されているかを確認（モニタリング）します。支援の効果について事後評価します。事後評価は，今後の子どもの支援に生かすために，実施されてきた支援

＊1　厚生労働省「児童自立支援施設運営ハンドブック」2014年，1-8頁。

第**10**章　支援の計画と記録および自己評価

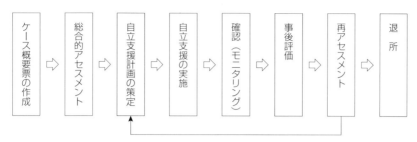

図10-1　自立支援計画の策定過程とその展開
出所：厚生労働省「児童自立支援施設運営ハンドブック」2014年，120頁。

の効果について，客観的に把握するとともに，目標や方法の妥当性などについて，検証します。そして，定期的かつ必要に応じて再アセスメントをして，自立支援計画の見直しを行います。その過程を繰り返し，目標達成し，退所となります[*2]。

参考までに，自立支援計画票の記入例を表10-1に示しておきます。

(3) ソーシャルワークとアセスメント

ソーシャルワークは，社会資源を活用して支援する援助技術です。その定義は時代とともに見直され，各領域で活用されてきました。

社会福祉援助の方法は，さまざまな技術が理論化・体系化され，専門技術として構築されています。これらは大きく分けると，①直接援助技術，②間接援助技術，③関連援助技術に分類されます[*3]。

たとえば，直接援助技術の個別援助技術（ケースワーク）の展開過程は，①インテーク（受理面接），②アセスメント（事前評価），③プランニング（支援計画），④インターベンション（介入），⑤モニタリング，⑥エバリュエーション（事後評価），⑦終結に分けられます（表10-2）。そして，近年では介護保険制度導入を契機に，情報の共有化が不可欠となるチームワークを前提としたケアマネジメントが普及するにつれ，ケアプラン（個別支援計画）の作成をはじめ

[*2]　前掲*1，113-125頁。
[*3]　石田慎二・倉石哲也・小﨑恭弘（編著）『社会福祉』ミネルヴァ書房，2008年，143頁。

第Ⅱ部　社会的養護の実際

表10-1　自立支援計画票（記入例）

施設名　□□児童養護施設　　　　　　　　　　作成者名

フリガナ 子ども氏名	ミライ　コウタ 未来　幸太	性別	○男 女	生年月日	○年　○月　○日 （11歳）
保護者氏名	ミライ　リョウ 未来　良	続柄	実父	作成年月日	×年　×月　×日

主たる問題	被虐待経験によるトラウマ・行動上の問題
本人の意向	母が自分の間違いを認め，謝りたいといっていると聞いて，母に対する嫌な気持ちはもっているが，確かめてみてもいいという気持ちもある。早く家庭復帰をし，出身学校に通いたい。
保護者の意向	母親としては，自分のこれまで行ってきた言動に対し，不適切なものであったことを認識し，改善しようと意欲がでてきており，息子に謝り，関係の回復・改善を望んでいる。
市町村・学校・保育所・職場などの意見	出身学校としては，定期的な訪問などにより，家庭を含めて支援をしていきたい。
児童相談所との協議内容	入所後の経過（3ヶ月間）をみると，本児も施設生活に適応し始めており，自分の問題性についても認識し，改善しようと取り組んでいる。母親も，児相の援助活動を積極的に受け入れ取り組んでおり，少しずつではあるが改善がみられるため，通信などを活用しつつ親子関係の調整を図る。

【支援方針】　本児の行動上の問題の改善及びトラウマからの回復を図ると共に，父親の養育参加などによる母親の養育ストレスを軽減しつつ養育方法について体得できるよう指導を行い，その上で家族の再統合を図る。

第○回　支援計画の策定及び評価　　　　次期検討時期：　　△年　　　△月

子　ど　も　本　人

【長期目標】　盗みなどの問題性の改善及びトラウマからの回復

	支援上の課題	支援目標	支援内容・方法	評価（内容・期日）
【短期目標（優先的重点的課題）】	被虐待体験やいじめられ体験により，人間に対する不信感や恐怖感が強い。	職員等との関係性を深め，人間に対する信頼感の獲得をめざす。トラウマ性の体験に起因する不信感や恐怖感の軽減を図る。	定期的に職員と一緒に取り組む作業などをつくり，関係性の構築を図る。心理療法における虐待体験の修正。	年　　月　　日
	自己イメージが低く，コミュニケーションがうまくとれず，対人ストレスが蓄積すると，行動上の問題を起こす	得意なスポーツ活動などを通して自己肯定感を育む。また，行動上の問題に至った心理的な状態の理解を促す。	少年野球チームの主力選手として活動する場を設ける。問題の発生時には認知や感情の丁寧な振り返りをする。	年　　月　　日
		他児に対して表現する機会を与え，対人コミュニケーション機能を高める。	グループ場面を活用し，声かけなど最上級生として他児への働きかけなどに取り組ませる。	年　　月　　日
	自分がどのような状況になると，行動上の問題が発生するのか，その力動が十分に認識できていない	自分の行動上の問題の発生経過について，認知や感情などの理解を深める。また，虐待経験との関連を理解する。	施設内での行動上の問題の発生場面状況について考えられるよう，丁寧にサポートする。	年　　月　　日

（次頁につづく）

164

第**10**章　支援の計画と記録および自己評価

<table>
<tr><td colspan="5" align="center">家　庭（養　育　者・家　族）</td></tr>
<tr><td colspan="5">【長期目標】　母親と本児との関係性の改善を図ると共に，父親，母親との協働による養育機能の再生・強化を図る。また，母親が本児との関係でどのような心理状態になり，それが虐待の開始，及び悪化にどのように結びついたのかを理解できるようにする。</td></tr>
<tr><td></td><td align="center">支援上の課題</td><td align="center">支援目標</td><td align="center">支援内容・方法</td><td align="center">評価（内容・期日）</td></tr>
<tr><td rowspan="3">【短期目標（優先的重点的課題）】</td><td>母親の虐待行為に対する認識は深まりつつあるが，抑制技術を体得できていない。本児に対する認知や感情について十分に認識できていない。</td><td>自分の行動が子どもに与える（与えた）影響について理解し，虐待行為の回避・抑制のための技術を獲得する。本児の成育歴を振り返りながら，そのときの心理状態を理解する。そうした心理と虐待との関連を認識する。</td><td>児童相談所における個人面接の実施（月2回程度）</td><td>年　　月　　日</td></tr>
<tr><td>思春期の児童への養育技術（ペアレンティング）が十分に身に付いていない。</td><td>思春期児童に対する養育技術を獲得する。</td><td>これまで継続してきたペアレンティング教室への参加（隔週）</td><td>年　　月　　日</td></tr>
<tr><td>父親の役割が重要であるが，指示されたことは行うもののその意識は十分ではない。</td><td>キーパーソンとしての自覚を持たせ，家族調整や養育への参加意欲を高める。母親の心理状態に対する理解を深め，母親への心理的なサポーターとしての役割を取ることができる。</td><td>週末には可能な限り帰宅し，本人への面会や家庭における養育支援を行う。児童相談所での個人及び夫婦面接（月1回程度）。</td><td>年　　月　　日</td></tr>
<tr><td colspan="5" align="center">地　域（保　育　所・学　校　等）</td></tr>
<tr><td colspan="5">【長期目標】　定期的かつ必要に応じて支援できるネットワークの形成（学校，教育委員会，主任児童委員，訪問支援員，警察，民間団体，活動サークルなど）</td></tr>
<tr><td></td><td align="center">支援上の課題</td><td align="center">支援目標</td><td align="center">支援内容・方法</td><td align="center">評価（内容・期日）</td></tr>
<tr><td rowspan="2">【短期目標】</td><td>サークルなどへの参加はするようになるものの，近所のつきあいなどはなかなかできず，孤立ぎみ</td><td>ネットワークによる支援により，つきあう範囲の拡充を図る。</td><td>主任児童委員が開催しているスポーツサークルや学校のPTA活動への参加による地域との関係づくり</td><td>年　　月　　日</td></tr>
<tr><td>学校との関係性が希薄になりつつある。</td><td>出身学校の担任などと本人との関係性を維持，強化する。</td><td>定期的な通信や面会などにより，交流を図る。</td><td>年　　月　　日</td></tr>
<tr><td colspan="5" align="center">総　　　　合</td></tr>
<tr><td colspan="5">【長期目標】　地域からのフォローアップが得られる体制のもとでの家族再統合もしくは家族機能の改善</td></tr>
<tr><td></td><td align="center">支援上の課題</td><td align="center">支援目標</td><td align="center">支援内容・方法</td><td align="center">評価（内容・期日）</td></tr>
<tr><td rowspan="2">【短期目標】</td><td>母親と本人との関係が悪く，母子関係の調整・改善が必要。再統合が可能かどうかを見極める必要あり。</td><td>母子関係に着目するとともに，父親・妹を含めた家族全体の調整を図る。</td><td>個々の達成目標を設け，適宜モニタリングしながら，その達成にむけた支援を行う。</td><td>年　　月　　日</td></tr>
<tr><td></td><td></td><td>通信などを活用した本人と母親との関係調整を図る</td><td>年　　月　　日</td></tr>
<tr><td colspan="5">【特記事項】　通信については開始する。面会については通信の状況をみつつ判断する。</td></tr>
</table>

出所：厚生労働省「児童自立支援施設運営ハンドブック」2014年，125-126頁。

第Ⅱ部　社会的養護の実際

表10-2　ケースワークの展開過程

1	インテーク (受理面接)	利用しようとする者と援助者が最初に出会う段階。援助者の所属する機関と照らし合わせ，支援関係を結ぶ必要があるか，他機関へ引き継ぐ必要があるかを決定する。
2	アセスメント (事前評価)	問題解決の手がかりとなる情報収集，および解決整理を展開する段階。利用者の抱える問題とニーズ，生活状況，社会資源とのつながりなどを把握する。
3	プランニング (支援計画)	アセスメントにおける情報をもとに利用者にふさわしい支援の目標設定を利用者と考え，立案する段階。利用者の不安や期待に沿いつつ，実行可能な計画を立てる。
4	インターベンション (介入)	援助者が利用者にとって提供可能なサービスを活用し，社会資源を適切，効果的に活用する段階。利用者自らが参加し，もてる力を発揮できるよう支援活動を展開する。
5	モニタリング	支援内容を振り返り，問題解決につながる展開となっているかを吟味する段階。必要に応じて再アセスメントを行い，支援計画，介入方法の変更をすることもある。
6	エバリュエーション (事後評価)	支援内容が利用者にどのような意味と効果をもたらしたかを判断する段階。施設支援に関しては，第三者評価が導入されている。
7	終　結	援助者と利用者の双方で支援の必要がないと判断されれば，援助関係を終了とする。

出所：石田慎二・石倉哲也・小崎恭弘（編著）『社会福祉』ミネルヴァ書房，2008年，146頁。

とする実践レベルの記録の重要性が高まっています[*4]。

　利用者個々に応じたサービスを提供するには，利用者の状況を理解することが前提となります。そのためには，利用者に関する情報の収集と，利用者の現状や要望等を把握することが必要です。

　たとえば，必要とされる利用者に関する情報として，基本情報，健康に関する情報，生活に関する情報，問題に関する情報など，があげられます。支援サービスを提供する前提としてインテーク面接等を通じて，情報を収集し分析・評価を行い，利用者自身がどのような支援を望んでいるのかを確認し，支援ニーズを把握することが大切です[*5]。アセスメントにあたっては，利用者等と面接

＊4　小椋喜一郎（編著）『社会福祉援助技術の記録』日総研出版，2006年，9頁。
＊5　日本知的障害者福祉協会調査・研究委員会『知的障害者のためのアセスメントと個別支援計画の手引き』日本知的障害者福祉協会，2013年，28-29頁。

166

第**10**章　支援の計画と記録および自己評価

表10-3　個別支援計画（例）

領域／キーワード	支援課題	支援目標	支援内容	担当者	モニタリング
基本的生活習慣（食事）	食事の際に，主食と副食を交互に食べられない。	主食と副食を交互に食べる。	主食と副食（2つ程度）を三角の形に並べて，順番を決めて循環的に食べるように促す。		3か月後
社会的生活・活動（健康管理）	肥満傾向にあるが，外遊びをしたがらない。	少しずつ身体を動かす機会を増やしてゆく。	散歩や買い物などをする機会につれ出したり，屋外での遊びに参加し，楽しめるように支援する。		3か月後
社会的生活・活動（社会参加）	促さないと，外部の行事やイベントに参加しない。	行事へ参加し，顔なじみの仲間をつくる。	本人の意向を尊重しながら，好みの行事に参加するように促し，同年齢の地域の子どもとのふれあいを増やしていく。		6か月後

出所：小野澤昇・田中利則・大塚良一（編著）『子どもの生活を支える　社会的養護内容』ミネルヴァ書房，2013年，219頁。

して行います。そして，アセスメントにもとづき，支援目標等が設定され，個別支援計画が作成されることになります。

（4）個別支援計画の作成

　個別支援計画にもとづき支援が提供されることになります。定期的な検証と修正のためにモニタリングが必要です。モニタリングとは，一定の期間に個別支援計画の実施状況等を見直しすることで，支援計画の内容を見直す必要があるのか，継続支援でよいのかを判断します。さらに，全体的に見直す必要がある場合は，再アセスメントを行います[6]。個別支援が継続され，目標が達成されれば終結となります。こうした一連のプロセスのなかに個別支援会議やケースカンファレンス，ケーススタディなど各種の会議があります。同時に記録の重要性が求められます。参考までに，個別支援計画の例を表10-3に示します。

＊6　前掲書＊5，86頁。

第Ⅱ部　社会的養護の実際

第2節　記録および自己評価

（1）記録の意義と活用

　社会福祉実践において，専門職はその援助過程でさまざまな事柄を記録し，文書を作成しています。莫大な量の記録がつくられ，それに要する職員のエネルギーは，なみなみならぬものがあります。施設には，さまざまな記録があります。それらはたとえば，①利用者台帳，②日誌，③ケース記録，④会議録，⑤帳簿類などに整理されます。ケース記録は，ケース台帳，支援記録，その他個人記録等でまとめられており，記録（支援記録等）は，利用者を支援するうえで重要な役割を果たすものの一つであるといえます。

　とはいえ，いかに精密な記録であろうとも，それが活用されなければ意味がありません。施設における記録の意義は，①記録は復命書，②記録は利用者理解の糸口，と捉えられます。職員の行う支援が組織，施設の方針に沿って遂行されることから復命書としての性格をもっています。記録は利用者支援の点検を行ううえでの資料として活用されます。記録を通し，今までの職員自身の支援内容を見つめなおす機会ともなり，そのことが利用者の理解を深めていくことに役立ちます。

　岡村重夫による『ケースワーク記録法』では，ケース記録の保管と記録について，①ケースの動きを第三者に理解させる，②機関，施設の経営，運営を向上させる，③教育の研究に役立つようにする，と整理されています。[*7]

　仲村優一による『社会福祉の方法』においては，ケース記録をなぜとるかについて，①適格な社会診断および処遇をおこなうための基礎資料として活用すること，②その機関のサービスの受給資格を証拠だてる文書であること，③ケースワーカーの交代にそなえること，④指導監督（スーパービジョン）の資料として用いられること，⑤教育訓練のための資料として用いられること，⑤研究

＊7　岡村重夫『ケースワーク記録法』誠信書房，1965年，6-11頁。

168

第**10**章　支援の計画と記録および自己評価

調査の資料として用いられること，と整理されています。[*8]

（2）記録の方法と管理

　記録は，「できごとそのもの」の記述と「できごとに対する援助者の解釈や分析」の記述とを区別して記録することが求められます。できごとそのものの記述は，事実に即して書くことが重要です。[*9]

　記録の方法は，①読みやすく，わかりやすい記録，②内容によって記録の形式を変える，③事実を書く，④必要なことのみを記録する，⑤援助者の意図的働きかけと，それに対する利用者の反応を書く，⑥社会的責任を自覚して書くことなどがあげられます。[*10]

　組織にとって，記述方法についてのルールや記録の管理システムが確立していることが必要です。定められたルールに則って，記録するとともに，提出，保管・観覧にあたっては，決められた方法に従い処理されることが最低条件となります。記録は，利用者の人権に係る内容も記述されるため，その扱いには，職員には細心の注意が課せられています。一方では，利用者および家族が自己に係る記録を知る権利の問題もあります。

（3）ケーススタディとケースカンファレンスの相違と記録

　利用者一人ひとりの個別支援計画が作成され，支援が提供されていく過程にはさまざまな会議が開催されます。種々ある会議のなかでここでは，ケーススタディとケースカンファレンスを取り上げて整理します。

　ケーススタディは，事例検討や事例研究とも訳されます。ケーススタディは，児童虐待や障害児支援など個別の事例や事象を取り上げ，その原因や解決方法などに関連する情報を分析し，支援のあり方などに関する計画を検討し立案するなどの取り組みを行い，個人や集団の問題解決能力や意思決定能力の開発，

＊ 8　仲村優一『社会福祉の方法（仲村優一社会福祉著作集第 3 巻）』旬報社，2003年，125-128頁。
＊ 9　白澤政一・尾崎新・芝野松次郎（編著）『社会福祉援助方法』有斐閣，1999年，177頁。
＊10　同上書，187-189頁。

第Ⅱ部　社会的養護の実際

実践能力の向上等を目的として行われる取り組みで，職員間の研修や教育を目的として利用されるものです。具体的には，事例に示されている事実を確認して，「これはこういうことではないか」などとさまざまな仮説を立て，それをチェック，検証し，事例の理解や支援のあり方について検討を行います。無理をして結論を出す必要はなく，結論が出なければ課題として積み残し，出席者の問題意識となるようにします。

　一方，ケースカンファレンス（支援方針会議）は，当面している事態（今，困っていること）をどう支援していけばよいかを検討するために行われる取り組みですので，必ず何かしらの方針（結論）を示す必要があります。結論が出せない場合でもとりあえず，当面の課題を決めておくことが必要です。ケースカンファレンスの方法は，①現状分析して，②問題点を引き出す。③背景を分析したうえで，④目標を設定し，⑤解決策を提示する。解決策は仮説的なものになる場合もあります。結論が出たら実践する。そしてその結果がどうなったかを評価することが大切で，⑥評価の日程を確認します。ケースカンファレンスへの事例提案者は，これまでの取り組みや，現在の課題などについてきちんと整理を行い，提案することが大切です。

　こうした場で使用する資料を作成するためには，日々の実践に伴う詳細な記録が重要な役割を果たすことになります。

（4）リスクマネジメントと記録

　リスクマネジメントとは，一般には「危機管理」と訳されています。リスクを組織的に管理（マネジメント）し，重大な事故や損失などの回避または低減を図るプロセスのことです。施設においては，利用者が安心して利用できる質の高いサービスの提供が求められます。その対極にあるのが事故の発生や不適切な支援です。施設は「人」が「人」に対してサービスを提供する場であることからさまざまなリスクを抱えています。よって，事故の未然防止に取り組む必要があり，リスクマネジメントの導入が求められています。具体的な取り組みとして，ヒヤリハット報告書（表10－4）やリスクマネジメントに関する研

第**10**章　支援の計画と記録および自己評価

表10‐4　ヒヤリハット報告書（例）

発生年月日	年　月　日	報告年月日	年　月　日
発生時刻	時　　分	報告者	
発生場所（大項目）		発生場所（中項目）	
児童・成人（年代）		種別	
ヒヤリハット内容			
考えられる要因 事故に至らなかった 理由			
初期改善策			
予防処置（判断日）			
予防処置の要・不要			

出所：埼玉県社会福祉事業団「ヒヤリハット報告書」2016年。

修などがあげられます。ヒヤリハット報告書は，インシデントレポートとも呼ばれ「ヒヤリ」としたこと，「ハッ」としたことで，日常的な気づきの力を活用するための記録です。インシデントとは，事故に至らなかったがそのおそれのある事象のことをいいます。330件のヒハリハットした事象のうち，怪我には至らない程度の事象が300件，軽傷の程度の事故が29件，死亡や重体に至る事故が1件の割合で起こるといわれます[11]（ハインリッヒの法則）。

　リスクマネジメントの推進は，施設の運営を円滑にすること，利用者の生活

＊11　東京都社会福祉協議会・社会福祉法人協会（編）『事故予防対策としてのリスクマネジメント
　　組織構築の手引き』東京都社会福祉協議会，2002年，29-30頁。

第Ⅱ部　社会的養護の実際

を守ること，そして，働く職員自身を守ることにもつながります。こうした取り組みが，各施設に応じて検討され実施・推進されることが期待されます。

（5）自己評価と第三者評価

　児童養護施設，乳児院，児童心理治療施設，児童自立支援施設，母子生活支援施設などの社会的養護関係施設は，自己評価（毎年），第三者評価（3年に1度）を行うことが義務化され，それらの結果を公表し，その改善を図らねばなりません。その趣旨は，子どもが施設を選ぶことができない措置制度であること，施設長は親権代行など重要な役割を担っていること，被虐待児が増加していることなどを背景に，支援や施設運営の質の向上が求められていることにあるといえます。

　自己評価とは，施設職員があらかじめ定められた基準に従って評価を行うことをいいます。

　第三者評価は，施設職員でない第三者評価機関の評価調査者が，施設の質を定められた基準に沿って評価します。

　自己評価では，評価する職員によってその結果は異なることが想定されますが，その違いを素材にして，職員間で話し合い，改善につなげていきます。同様に第三者評価においても施設の自己評価の結果と第三者評価機関の調査総評等を参考にして，改善につなげることが重要です。このように，両者は，相互補完的な関係にあり，問題点に気づき改善することが求められています。

　つまり，PDCA（Plan, Do, Check, Action）のマネジメントサイクルの手法を用いて，計画，実行，チェック，改善を繰り返し，継続的に改善していくことになります。

　自己評価の実施方法は，第三者評価を受講しない年の自己評価と受講する年の自己評価の2つに分けて考えられます。前者は施設が決め，後者は施設と評価機関で協議して決めることとなります。自己評価の結果も公表することとされています。

　第三者評価は，自己評価，利用者調査，訪問調査のための準備，訪問調査，

第**10**章　支援の計画と記録および自己評価

その後の報告，公表といった手順で進められます。

　自己評価，第三者評価は，施設運営における問題点を把握し，質の向上に結び付けることを目的としています。この取り組みを活用し，効果的なものとしていくためには，社会的養護関係施設は，自発的に自己評価を行い，第三者評価を受審していくという意識をもつことが重要で，施設の「気づきの機会」となり，子どもたちの最善の利益となるための改善活動となっていくことが期待されています。[*12]

📖 さらに学びたい人のために

○青木冨貴子『GHQ と戦った女　沢田美喜』新潮社，2015年。

　　終戦後，進駐軍の兵士と日本人女性とのあいだに生まれた混血児を受け入れる施設をつくったのが沢田美喜です。女史は，三菱財閥創設者岩崎彌太郎の孫で三代目当主岩崎久彌の長女にあたります。施設の名は，「エリザベス・サンダース・ホーム」といい，今も神奈川県大磯にあります。子どもや施設を理解するための貴重な一冊と考えます。

○小松成美著『虹色のチョーク』幻冬舎，2017年。

　　社員の7割が知的障害者であるチョーク工場が「日本で一番大切にしたい会社」と呼ばれています。働くことの喜びを実現した町工場の奇跡がつづられています。福祉とは何か。企業から学ぶことの大切さを実感します。会社経営者や福祉に関する方々にすすめたい一冊です。

○川喜田喜美子・高山龍三（編著）『川喜田二郎の仕事と自画像』ミネルヴァ書房，2010年。

　　川喜田二郎（文化人類学者）は，ネパールなどへの野外調査を手がけ KJ 法という発想法でも知られています。混沌をして語らしめる KJ 法は，ものごとを考えたり，まとめたりする方法とし，とても参考になります。川喜田氏が最後に自分の仕事を振り返り，自己を語った貴重な一冊です。

[吉田博行]

＊12　社会的養護第三者評価等推進研究会（編）『社会的養護関係施設における「自己評価」「第三者評価」の手引き』全国社会福祉協議会，2017年，324-330頁。

173

第11章

社会的養護に関わる専門的技術

• • •

> この章では，施設，特に乳児院や児童養護施設に注目し，保育者に共通して必要
> とされる専門分野の知識や技術に着目して記述していきたいと思います。
> まず，第1節では「保育の専門性に関わる知識・技術とその実践」をテーマとし
> て演習形式で学びます。また，第2節では，事例を通して社会的養護の中心的な技
> 術である相談援助の実際について学びます。そして，第3節では，施設における保
> 育者の業務において今後期待される保育や相談援助に関する展望について演習形式
> で学びましょう。

キーワード▶家庭保育，施設保育，保育技術，相談援助，連携・協働

第1節　保育の専門性に関わる知識・技術とその実践

　ここでは乳児院や児童養護施設等の養護系の施設で働く保育者の専門性に関
わる知識や技術，その実践について学びます。まず各テーマに沿ってそれぞれ
の説明に目を通し，その後に記述された演習について各自で考えてみましょう。
また，グループごとに話し合ってみましょう。

（1）施設保育の目的や理念の理解

　「保育」という用語は，明確に定義することは難しいのですが，広く言えば
「養護および教育」を表す言葉として活用されています。また，「保育」には主
に家庭で子どもが育てられる「家庭保育」と保育者が施設で保育を行う「施設
保育」があります。このほかに保育ママやベビーシッターが保育を行う「家庭
的保育」がありますが，ここでは触れないことにします。

175

第Ⅱ部　社会的養護の実際

「家庭保育」とは子どもが家庭で保護者や家族に養育されることをいいます。一般的には，人は家庭のなかで，両親や兄弟姉妹，親族等と一緒に生活することにより，お互いに影響し合いながら成長し，保護者からさまざまな教育やしつけ，生活習慣等を学び，将来的に一社会人として生活できるようになるための基礎を身につけていくと言われています。しかし近年では，核家族化が進み，子どもの数もきわめて少数になり，保護者が共に働きに出る家庭が増加していることから，家庭や隣近所の関係性のなかだけでは十分な保育が確保されにくくなってきています。

　一方で「施設保育」は，家庭に代って保育や支援を必要とする子どもや，育つ環境として適切でないところで暮らしている子どもを入所（通所）させて，専門的な保育を行う社会資源として，拡充されてきています。施設はいくつかの種類に分かれていますが，いずれも「子どもおよび保護者の生活と自立を支援するための施設」であり，0～満18歳までの子どもたちの主に生活や学習等を支援します。

　✎ 演習1

　　家庭の子育て（家庭保育）と施設での保育（施設保育）の違いは何でしょうか。また，施設保育については，保育所と他の施設の違いについても検討してみてください。加えて，施設保育を行う施設ではなぜ理念や目的を明示しているのか，考えてみましょう。

（2）施設における保育者に求められる専門性の理解

　保育者は子どもの日常生活を支援したり教育したり，養護したりするという役割のみに目を向けてばかりいるのではなく，一層充実した生活，すなわち施設を「生活の場」へと高めていくための実践を試みる必要があります。この場合，個々の子どもの生活の必然性や必要性に応じて，提供するサービスの内容や質，方向性を柔軟に変化させることが求められています。

176

第 **11** 章　社会的養護に関わる専門的技術

─── ✏ 演習 2 ───

　施設を「生活の場」へと高められる保育者としての専門力や能力，素養には
どのようなものがあるでしょうか。グループごとに話し合ってみましょう。

　それでは，施設における保育者に求められる専門性とは主にどのようなもの
があるでしょうか。

①個と集団を育てるという視点

　施設を利用する子どもはさまざまな問題や課題を抱えて施設へ入所したり通
所したりしています。多くの子どもたちが，劣悪な家庭状況で育ってきた過去
を背負っています。心身や発達等の不調や障害を抱えていることも多くありま
す。さまざまな理由により，親などからかけがえのない個人として大切に扱わ
れずに過ごしてきた子どもたちが多く見られます。そのため，一人の人間とし
て認めるような「個」としての関わりが重要となるケースが多いと思われます。
このような「個」を育てる視点をもって関わる際に必要とされるのが，個別援
助技術*¹に関する知識や技術，経験です。

　一方で，施設では集団で生活をするということも特徴の一つです。「生活の
場」では，年齢の異なる子どもやそれぞれ相違する家庭文化のなかで育ってき
た子ども同士がお互いに関わり合います。そのような共同生活のなかでお互い
の成長も期待されています。そのため，保育者には個別援助技術だけではなく，
集団援助技術*²（グループワーク）の支援を行うワーカー（援助者）の役割を担う
ことも求められます。

────────────

＊1　**個別援助技術**：ソーシャル・ケース・ワークともいう。相談者（支援者）は，来談者（利用
　　者）のもつ多様な問題に対して来談者（利用者）との信頼関係や援助関係を保ち，同時に社会資
　　源の活用を行い，来談者（利用者）が抱える問題の解決や緩和を目指す社会福祉の援助技術であ
　　る。
＊2　**集団援助技術**：集団に所属する個人が他の参加者との相互作用を通して人間的に成長・発達す
　　る過程や，集団自体が社会的に望ましい方向に向かって成長していく過程を支援していく援助方
　　法のこと。

177

第Ⅱ部　社会的養護の実際

②子どもの権利を護るという視点

　子どもが施設を利用する理由は多様です。親から遺棄された子どもや衣食住等の日常の生活もままならなかった子ども，親の犯罪の手先となって暮らしていた子ども，あるいは親から命を奪われかかった子ども等，経験してきたことや抱える問題はさまざまです。

　そのため，施設で提供される保育サービスは，単なる衣・食・住の保障を行うだけの支援では子どもにとって十分ではありません。社会的養護の最大の目的は，「特定の大人との間に愛着関係の形成ができる環境の保障」です。そのためには，施設では子どもの安心安全を保障することはもちろんのこと，本来人間がもっている多様な権利を保障する支援が求められていると思います。これらの支援のことを「権利擁護」と言います。

③受け止めながら共感すること

　保育者はそれぞれの子どもが隠しもっている自己不全感や社会性の未熟さに対応することが可能となる柔軟な関わりや，可能な限り子どもの気持ちに寄り添う理解が求められます。

　これらの支援活動を継続的に遂行していくことは容易ではありません。したがって，保育者にはそれ相当の専門的な知識や技術，経験，豊かな人間性等が必要とされます。ある意味で，保育者が子どもの抱える問題や課題と真摯に向き合うことができ，「その子どもを支援し続ける」ことが可能であるということは，子どもに起きている事態が，自分（保育者）の心身のなかで起きていることと同じように感じることができる，つまり共感ができる資質があるということができます。

（3）保育者が活用する多様な技術

　施設における保育実践には，洗面，排せつ，入浴，食事，言葉使い，遊び，社会習慣，人間関係の獲得等に関する「生活上の支援」や，体育，音楽，造形，教科学習等の「教育的支援」，リスク管理や健康管理，衛生管理等の「養護的

第**11**章　社会的養護に関わる専門的技術

支援」という 3 つの柱でくくられる保育技術領域と，子どもや家庭が抱える課題や問題についての解決を図れるように支援する「相談援助技術（ソーシャルワーク）領域」とが相互に連続して実践されるという特徴があります。

　施設では，これらを背景として，子どもの有する多様な権利や生活全般の活動，そして年齢に応じた発達を保障します。そして，保育実践を通して個々の子どもの自己実現を図るという目的をもった活動を行います。

　さらに，子どもの心身の安定や発達，日常生活を過ごすうえでの意欲や興味を育む基盤となるのは，それぞれの子どもの家庭の経済状況や人間関係，あるいは心身の健康状態です。このことから家庭支援に関する技術も必要となります。

✐ 演習 3

　保育者が活用する専門的な技術にはどのようなものがあるでしょうか。実習を終えた人は，実習場面を思い出して具体的に書き出してみましょう。実習前の人はどのような技術が必要になりそうかを想像して，グループごとに話し合ってみましょう。

　ここでは保育に類する領域で活用される技術に注目して説明をします。

①保育技術

　子どもを施設で育てるうえで保育者に必要とされる技術はたくさんあります。そのなかでも特に大切にしたいのは，子どもの育ちを見通しながら，一人ひとりの子どもの発達状況に相応する形で各領域（主に「健康」「人間関係」「環境」「言葉」「表現」等）の発達を支援する技術ではないかと思います。また，これらの各領域に関する支援を行う際には，子どもの発達過程や意欲をふまえて（支援しすぎや支援不足に配慮する），彼らが自ら生活していく力を育てるために細やかな支援を心がける必要があります。

　また，施設の内外の空間や設備等の物的環境，自然環境，あるいは人的環境を活かしながら，子どもに必要な保育を創造する技術も彼らの成長や日々の充

179

第Ⅱ部　社会的養護の実際

実には必要です。くわえて，子どもの経験や興味，関心に応じて，さまざまな
遊びや活動の内容や質，方向性を多角的に展開する工夫は欠かすことができな
い技術ではないかと思います。

　そして子ども同士の関わりや子どもと保護者との愛着関係の形成状況につい
ては気配りを欠かさず，それぞれの気持ちに寄り添いながら理解を深め，必要
に応じて支援する，あるいは関係を調整する技術を用いることも，施設におけ
る保育者の技術として重要な役割を果たすことになります。

②相談援助技術

　相談援助とは，日常生活に課題がある人を対象に，その人に必要な社会資源
や福祉サービスを用いて，来談者（施設でいえば保護者や家族）と環境との関係
を調整して，課題解決，自立，自己実現，自分らしく生きることの達成を支え
たり励ましたりする活動のことを意味しています。基本的には，相談援助は社
会福祉士や精神保健福祉士が専門的に行っていますが，施設でさまざまな支援
を行う保育者にも子どもや保護者から相談を持ちかけられる機会は数多くあり
ます。相談内容は，親子の関係や子どもの進学・進路，経済状況，夫婦関係，
再婚や離婚等，さまざまです。保育者が子どもや保護者，家族の相談や助言な
どを行うために，相談援助に関する知識や技術，経験を積むことは重要です。

③その他

　保育者が適切な社会生活技術を身につけることは重要なことです。社会生活
技術とは社会のなかで暮らしていくための技術のことを言います。具体的には，
社会で他者と関わるときにお互いが交わす挨拶や，他者に何かをお願いしたり
断ったりするなどのコミュニケーションはもちろんのこと，日常生活の作法や
マナー，来訪者への接遇，敬語の使い方等，日常生活を営むうえで必要とされ
る技術です。社会生活技術を身につけることは，保育者自身の人間的な評価に
もつながりますが，支援している子どもたちに与える効果は絶大だと思います。
くわえて，施設の子どもたちの場合は，特に家庭との関係性や家庭が抱える問

第**11**章　社会的養護に関わる専門的技術

題が大きな影響を与えていることが多いため，家庭を支援することが子どもの安定につながります。このようなことから，家庭支援に関する技術（ファミリー・ソーシャルワーク）も必要とされます。また一方で，家庭にとっても子どもが抱える問題行動に対して悩み苦しんでいるということもあるので，子どもを支援し子どもの生活が安定するということは，その後ろにいる，家庭を支援することにもつながります。

（4）施設内外の他職種との連携・協働の必要性
①子どもの問題と連携・協働

　保育者は施設を利用する子どもが施設入所に至るまでに，本人が自覚しているいないにかかわらず，さまざまな負の体験をしているケースが多いことを認識する必要があります。しかも，普通の家庭で育ってきた保育者が想像も及ばないような過酷な経験をしてきている子どもが大半であるという現実があります。保育者はこれらの事態を常に胸のなかに仕舞いこみながら，彼らの枯れてしまっている心身から泉が涌いてくるのを静かに見守るつもりで子どもの支援に携わることが期待されていると思います。

　近年，施設へ入所する子どもの多くが，大なり小なり何らかの形で虐待を経験している状況があります。そのために，保育者は常に個々の子どもの身体や心の動きの観察をするばかりではなく，それぞれが施設のなかで織りなす人間関係にまで気配りをする必要が生じています。なぜなら，何らかの虐待経験がある子どもは，施設での生活において抱えている問題を一層顕在化しやすくなる状況にあるからです。また，子どもの経験してきた虐待は単純なものではなく，複合的な虐待経験が多いこともわかっています。そのために，保育者は子どもの対応に苦慮したり，子ども同士のトラブルに遭遇したり，人間関係の調整を行う必要に迫られたりするのは日常茶飯事です。

　これらの事態を背景として，子どもが示す状況や問題に対処するために，心理療法士や看護師，医師等と協働チームを結成し，対象となる子どもの抱えている課題や問題と向き合うために，多様な視点からの検討が必要となります。

181

第Ⅱ部　社会的養護の実際

そのなかで，子どものおかれている状況を受け止め，語り合ったり，さまざま
な生活上の支援を行ったり，相談援助をしたり，必要とあれば治療的な関わり
に重点をおきながら人間性の回復を目指すことになります。

✐ 演習4

　連携する先として，どのような機関（場所）や専門職（人）がいるか調べて
みましょう。その際，「貧困」や「虐待」，「学力不振」等のテーマを設定して
考えてみましょう。

---

②職員の課題と連携・協働

　先にも述べたように，施設，特に児童虐待を受けた子どもが利用している施
設には，「心理療法担当職員」や「個別対応職員」が配置されています。この
ような多様な職員がそれぞれの持ち味を活かしながら，丁寧に関わり支援して
いくことで，子どもたちは安定した生活を取り戻していくことができるのです。

　しかし，心理学や精神保健学等に関する高い知識や技術等の専門性を身につ
けている人は限られています。たとえ，保育者がそれらの専門性を身につけて
いたとしても，心理療法や個別対応が必要な子どもを支援し，歪められた人間
性を回復させたり，育ちきれていない自己肯定感を育んだりするための支援を
行うことは相当な負担感を伴うものではないかと思われます。施設では限られ
た人員のなかで，子どもの生活すべてを支えているという現状があります。そ
のため，精神的な病に陥ったり，燃えつきてしまったりして退職する職員が後
を絶たないという状況が一方ではあります。

　これらの事態に陥ったときに欠かせないのは，職員間の相互支援です。施設
現場で共に支援活動を行っている仲間や，適切なアドバイスをしてくれる同僚
の存在は貴重です。子どもを支援する際に自分が感じている違和感や苦悩，つ
まずき，矛盾等を言葉として表現し，それらに向き合い，仲間や同僚と分かち
合うことは，子どもの抱えている問題や苦悩等を解決・緩和することにつなが
る効果を高めます。

182

第**11**章　社会的養護に関わる専門的技術

第2節　事例を通して学ぶ相談援助の実際

　ここでは専門技術としての相談援助技術に焦点を当てた事例を示し，相談援助の実際について学びたいと思います。相談援助技術に関しては，本章第1節の（3）「保育者が活用する多様な技術」の②相談援助技術のところで一部触れていますが，基本的には生活上の問題を抱えている人々，心身に障害のある人々，社会的な差別を受けている人々等に対して，相談援助ができる関係を構築し，問題の解決・緩和を図るために支援したり，援助したり，アドバイスをしたり，社会福祉関係の社会資源を紹介したりする活動のことを意味しています。

　一般的にイメージする保育者の仕事と，相談援助を行うという福祉活動とはほど遠い印象をもちやすいと思われます。しかし，保育実践は，保育に類する領域と相談援助に区分けできる領域とが相互に連続して実践されるという特徴があることから，相談援助の知識や技術等を学ぶことは重要です。

（1）相談援助の必要性

　ここでは相談援助とはどのようなことを行うものなのかについて，事例を通して演習形式で学びます。[*3]　まず事例1に目を通し，その後で記述されている演習について各自で考えてみてください。次に，グループごとに話し合ってみましょう。

事例1　母親の再婚

　桂子さん（35歳）はひとり親家庭の母親です。ご主人とは子どもの美憂ちゃん（5歳）を出産した直後に離婚しています。桂子さんは離婚直後に美憂ちゃんを実家の両親に預けて出版社で働いています。しかし，美憂ちゃんが3歳になる頃から情緒が不安定になったり動きが激しくなったりしたことから，高齢

＊3　本章における事例は，筆者が創作したものであり，子どもの名前等はすべて仮称になっている。

183

第Ⅱ部　社会的養護の実際

の両親による子育てが困難となり，美憂ちゃんをやむなくＡ児童養護施設に預けることにしました。なお，美憂ちゃんは，施設入所前の児童相談所における判定で自閉症であることがわかっています。

　これまで母親の桂子さんは美憂ちゃんと面会するために週末には必ず施設へ顔を出していました。ところが5か月ほど前から桂子さんが美憂ちゃんと面会する回数が徐々に少なくなってきています。また，これまで自宅から施設まで往復する際はバスを利用していたのですが，このところ中年の男性に車で送ってもらっている様子を施設の職員が何度か見かけています。くわえて，桂子さんが担当保育者の香さんに何か話をしたいのではないかと思われる雰囲気を示しています。このようなこともあって，香さんは母親の桂子さんが来園する度に，美憂ちゃんが順調に成長していることや日常のエピソードを話したり，施設内の喫茶ルームに誘ったりして支援関係が深まるように努めています。しかし，これまで桂子さんの口からこれといった家庭や自分の生活の変化等について語られる気配は見られない状況が続いています……。

🖉 演習5

　事例1から読み取れる桂子さんの変化は何でしょうか。またそれについて保育者としてどのような関わり方ができるか考えてみましょう。

　施設で子どもや家庭を支援していく際には相談援助は欠かせない業務となります。相談援助は，生活に課題がある人を対象に，その人に必要な社会資源との関係を調整して，課題解決，自立，自己実現等，より良く生きるための過程を支える流れをつくる支援のことを意味しています。

　事例1の母親の桂子さんのケースでは，まず桂子さんと担当保育者である香さんが気軽に相談できる関係づくりを努めて行うことが求められます。このような関係を構築するために，保育者の香さんが自分自身に関する情報，たとえば，両親が未熟児で生まれた自分を大切に育ててくれた話や，素行の悪い弟に手を焼いている話など，母親の桂子さんとの会話のなかでありのままの自分を伝える，自己開示を行うことも有効だと思います。

184

第**11**章　社会的養護に関わる専門的技術

　この事例の設定の内容のみで決めつけることは危険ですが，桂子さんが時折，施設で見かける男性との結婚を考え，美憂ちゃんの引き取りを考えていたり，あるいは男性の要望で施設に預け続けなければならなかったり，美憂ちゃんを施設において所在不明になる危険性も予測されます。いずれにしても美憂ちゃんにとっては人生における重要な問題です。

（2）子どもと保護者を支える

　次の事例2では，美憂ちゃんの母親の桂子さんが美憂ちゃんの自閉症の障害をなかなか受け入れられないこと，つまり障害受容の難しさをテーマとして記述しています。まず事例2に目を通し，その後で記述されている質問について各自で考えてみてください。また，その後でグループごとに話し合ってみましょう。

事例2　母親の子どもの障害受容

　担当保育者の香さんは，母親の桂子さんが来園されるときには，できる限り時間をつくっていろいろな話をするようにしていました。そのなかで，桂子さんはいつも「なぜ，美憂は私を困らせることばかりするのか」「いくら注意しても話が通じない」「とぼけたように，同じようなことばかり言ってくる」等，美憂ちゃんの"できないこと"ばかりに注意が向いてしまっているようでした。そして，母親が問題にしている美憂ちゃんの行動の多くは自閉症の特性によるものであると思われたことから，その説明をすることにしました。そこで，美憂ちゃんに自閉症の障害があることを，診断書を示しながら繰り返し説明をすることにしました。しかし，なかなか自分の子どもに障害があることを受け入れられないようです。先日も面会に訪れた際に，美憂ちゃんがついつい桂子さんのバッグを投げつけたり，興奮して走りまわったりしたときに桂子さんが驚いてしまい，強く美憂ちゃんを叱ってしまいました。

　📝 **演習6**

　事例2に目を通し，母親の桂子さんになったつもりで考えてみましょう。そ

第Ⅱ部　社会的養護の実際

の際，母親はなぜ美憂ちゃんの障害という事実を受け入れられないのかも考え
てみましょう。

　まず，ここでは担当保育者の香さんは，母親の桂子さんに美憂ちゃんが現在
おかれている状況について伝える必要があります。たとえば，美憂ちゃんは母
親と自宅で暮らすことができない状況におかれ，寂しい状況にあります。くわ
えて，施設には自宅と異なる生活環境や生活リズム，生活慣習，文化がありま
す。そして，他のさまざまな問題や課題を抱えた子どもたちと共に生活してい
かなければならない現実があります。これらを背景として，美憂ちゃんは想像
以上のストレスを感じ，戸惑っている可能性があります。これらの美憂ちゃん
の心身の状況やおかれている立場について，母親の桂子さんが知ることは大切
なことです。

　また，保育者の香さんは，母親の桂子さんに，現在，美憂ちゃんが施設に慣
れようと努めていること，また，少しずつ落ち着きを取り戻してきていること，
そして，徐々に成長している部分があること等についても伝え，美憂ちゃんと
桂子さんの親子関係の調整を図る必要があるのではないかと思います。

　そのうえで，保育者の香さんは母親の桂子さんに「美憂ちゃんが示す逸脱し
た行動のすべてが障害によるものだと決めつけることは適切ではないのです
が」と前置きしたうえで，美憂ちゃんのことを深く理解するためには自閉症と
はどのような障害か，あるいは特徴的な行動にはどのようなものがあるか等に
ついてわかりやすく説明する必要があります。具体的に言えば，自閉症の人に
は，社会性発達の質的な障害，コミュニケーションの質的な障害，興味や活動
の偏り等の主に3つを特徴とした症状が現れることを説明し，そして，これら
の特徴が桂子さんの理解しかねている「困らせることばかりする」「話が通じ
ない」「同じ話ばかりする」等の，美憂ちゃんが日常的に示す言動との関連性
について気づいてもらう必要があります。また，同時に，これらの特徴は単に
注意するだけで改善するのは難しいことも理解してもらうほうが好ましいと考
えられます。

第**11**章　社会的養護に関わる専門的技術

　次に担当保育者の香さんにとっては，障害のある子どもを抱える保護者や家族がどのような過程を経て子どもの障害を受容することができるようになるのか，そのプロセスを学ぶことが大切です。子どもの障害を通知されたときには，保護者や家族は強い精神的ストレスを受けやすくなります。くわえて，母親や家族の精神状態の不安定さは，障害のある子どもの精神や心の発達に強い影響を与える危険性につながります。そのために，保育者は，保護者や家族に対して障害に関する正しい理解や，障害に向き合える自信，あるいは将来に向けて（ある程度の）見通しをもって子育てや療育に取り組むことができる覚悟をもつことができるようになるための支援を行う必要があります。

　この事例でも，桂子さんは精神的ショックを受けたり，否認したり，悲しみにくれたりすること等を繰り返しながら，支援が順調に進めば，少しずつ美憂ちゃんの障害を受け入れていく過程を歩むことができるようになっていくと思います。その視点から考えてみると，香さんが「診断書を示しながら繰り返し説明をしています」というところが問題となります。母親はこれまで児童相談所や医師から美憂ちゃんの自閉症の障害については幾度も障害の専門家からの情報として伝えられていると思います。人生を歩むうえでは誰もがわかっていても受け入れられない経験をしたことがあると思います。母親の桂子さんも同じような状況にあると予測されます。やはり母親や親族等が美憂ちゃんの障害を受け入れることができるようになるためには，それ相当の時間と粘り強い施設側の支援が必要となります。したがって，この時点で担当保育者である香さんが焦りや苛立ちの感情をもつことは禁物です。むしろ，保育者の香さんは桂子さんの肯定的な感情や否定的感情に寄り添いながら理解を示し，美憂ちゃんに関する課題や問題が生じたときには，対処方法について母親の桂子さんと共に考えながら忍耐強く支えていく姿勢が必要となります。

（3）これからの生活に向けて

　その後，保育者の香さんとの話し合いを重ねるなかで，母親の桂子さんは，障害のことも含め，美憂ちゃんに対して向き合う姿勢も見られるようになり，

第Ⅱ部　社会的養護の実際

面会の回数も増えてきました。

　美憂ちゃんは施設入所以前と比較して，精神的な状況や行動が徐々に落ちついてきている気配が感じられます。そこで，美憂ちゃんの今後（進路や退所）について母親の桂子さんと相談することにしました。

事例3　障害のある子どもの進路や退所

　美憂ちゃんは6歳になりました。母親の桂子さんも日常生活が安定したことから，顔色や表情が良くなってきました。そして，美憂ちゃんの退所する時期や今後，普通の小学校に入学するのか，あるいは特別支援学校に進むのか決めなくてはならない時期が迫ってきました。美憂ちゃんの自宅や小学校，特別支援学校，施設は比較的近い距離にあります。

　母親の桂子さんは美憂ちゃんの自閉症の障害の状況は中度なので，学校生活には支障がないと考えて普通の小学校への入学を望んでいます。

　それで，これを良い機会として母親の桂子さんと美憂ちゃんの今後について施設側と相談することになり，園長先生や指導課長，主任，担当保育者の香さんが桂子さんと面談を行うことになりました。なお，美憂ちゃんは園長の判断で同席させないことにしました。

　相談の際には，母親の桂子さんから事前に担当保育者の香さんに相談があり，一人では不安なので，母親が施設に面会に来る際に車で送迎している男性（邦夫さん）と共に施設を訪れたいという希望があり，当日は母親の桂子さんと邦夫さんが施設を訪問しました。桂子さんから電話を受けた際に，ちょうど良い機会だと思い，担当保育者の香さんが桂子さんに邦夫さんとの関係を訊ねたところ，近いうちに結婚する予定の相手であるとのことでした。美憂ちゃんには，お母さんが来園されることは伝えてありましたが，桂子さんが見知らぬ男性と一緒に来ているのを見て不思議そうな表情をしていました。

　施設側が桂子さんと相談する内容は2つです。

(1)　美憂ちゃんが今後入学する学校を，普通の学校にするのか，特別支援学校にするのか，方向性を明確にする（小学校入学まで8か月）。

(2)　小学校，あるいは特別支援学校に入学することを前提として，このまま在園し続けるのか，あるいは退園して自宅の校区の学校へ通うのかについての見通しを立てる。

第11章　社会的養護に関わる専門的技術

── ✐ 演習7 ──

　ここでは相談援助のあり方について学びます。まず事例3を参考にして，相談内容(1)美憂ちゃんの小学校入学については，桂子さんにどのようなプロセスを経て決めていくようにアドバイスしたら良いか各自で考えてください。また，相談内容(2)では，美憂ちゃんが施設から退園する時期やプロセス，手法についてどのような形で話を進めていく必要があるのかについて各自で考えてみてください。そして，相談内容(1)および相談内容(2)について各自が考えた後で，グループごとに話し合ってみましょう。

①相談内容(1)について

　今回の相談は美憂ちゃんの将来のことを相談するので，本来ならば美憂ちゃんが同席するのが常識的な考え方ではないかと思います。ただし，美憂ちゃんの判断力や相談する内容，予想されるやり取りが美憂ちゃんの心身に負担を与える危険性があるので，同席しない形を選択したのは正解だと思われます。

　まず美憂ちゃんの進学先（小学校・特別支援学校）ですが，基本的には美優ちゃんの意思を尊重する形で進めていくほうが自然だと思います。しかし，まだ入学まで8か月ありますので，親子で普通の小学校の授業参観をしたり，特別支援学校を訪問したり，教育委員会の意見を参考にしたりしながら，時間をかけて結論を出したほうが良いのではないかと考えます。

②相談内容(2)について

　美憂ちゃんは施設生活や人間関係にも徐々に慣れてきており，日常生活や精神状態も落ち着いてきています。それらの状況から判断すると，今後，美憂ちゃんに関する施設からの支援をどこまで継続するのか，あるいは退所はいつ頃を目途にするのか等について見通しを立てなくてはなりません。まず①彼女が小学校，あるいは特別支援学校へ入学するまで，比較的時間（8か月）があることから，入学前に退所し，自宅での生活や学校での生活に慣れるまで支援を継続する，あるいは②美憂ちゃんが学校へ通学するという生活習慣や学校自体

第Ⅱ部　社会的養護の実際

に慣れるまで様子を見てから退所の時期については考え，彼女が自宅での生活に落ち着くまで支援するという2つの選択肢があります。

　そのなかで，桂子さんと邦夫さんが近いうちに結婚するという家庭環境に変化が生じることが予想されます。いずれにしても退所することを前提として今後の支援の方向性を考えていくとすれば，美憂ちゃんの自閉症の障害や彼女の気持ち，そして精神状況等を，桂子さんや彼女と結婚する予定の邦夫さんが受け止めることができるようになるまでは，施設側が支援を根気強く時間をかけて行っていく必要があります。

　また，桂子さんと結婚する予定の邦夫さんとの関係を，幼くて，かつ障害のある美憂ちゃんが理解することは難しいことだと思います。そのために，美憂ちゃんが邦夫さんを義理の父親として受け入れることができるようになるためにはどのような段階を踏んだら良いのか，母親の桂子さんや邦夫さんと施設側が綿密に相談することは欠かせないことだと思われます。

　むしろ，美憂ちゃんや母親の桂子さん，義理の父親になる予定の邦夫さんが一番優先すべきことは，美優ちゃんと邦夫さんとのしっかりとした親子関係の形成や新しい家庭の構築かもしれません。

　当面は週末帰宅を繰り返しながら，施設側は美憂ちゃんが新しい家庭環境や入学する学校，新しい人間関係に慣れるまで，焦らないで丁寧な支援を心がける必要があると思います。また，義理の父親となる邦夫さんと美憂ちゃんが柔軟な親子関係を築くことができるようになるためには，それ相当の時間と桂子さんや邦夫さんの気配りや丁寧な家庭づくりが求められると考えます。

第3節　演習を通して学ぶ社会的養護の展望

　ここでは保育者が施設で行う相談援助の現状と課題について，演習形式で検討していきたいと思います。演習課題について各自で考え，その後，それぞれのグループごとに話し合ってみましょう。

第**11**章　社会的養護に関わる専門的技術

（1）保育や相談援助の現状と課題

　施設において保育者が行う相談援助の課題の一つとして，保育者の知識や技術では虐待や困難事例，モンスターペアレント等には対応できにくいという経営者側の認識があります。また，保育者自身も簡単な発達相談やしつけ等に関する相談はできるが，複雑な家庭内の相談や悪質な虐待等に関する相談や対応はできないと思いがちです。これらの理由から，経営者側に相談援助は社会福祉士や精神保健福祉士の役割であるという認識があるように思います。そして，保育者も自らの手に負えない家庭に出会ったときに，この家庭への対応は自分の役割ではないと考えてしまい，安易に「困った家庭」「厄介な家庭」などと見てしまいがちになります。固定化されたイメージにより，ダメな保護者のレッテルを支援者である保育者が貼ってしまうことや，支援や取り組みがうまくいかないことを対象となる家庭の問題としてしまうことは，対象となる子どもに何ら利益をもたらすものではありません。保育者は子どもや保護者のより良き支援仲間となるために，適切な支援関係を形成する必要があります。

　✎ 演習 8

　保育者は相談援助業務についてどこまで関わるべきでしょうか。保育者と社会福祉士，精神保健福祉士の業務について調べて，それぞれの役割について考えてみましょう。

（2）保育者の保育や相談援助に求められる倫理や価値

　施設における虐待事例は後を絶たない実態があります。また，許しがたいのは，施設内で虐待が行われていても当該地方自治体に通知されていない数が多いということです。虐待問題は，施設で就労する保育者に課せられた重要な課題です。

　これらの対処法としては，原因・要因の把握・分析と虐待防止対策の確立，虐待が起きてしまった場合の対応等に関するマニュアル整備とその活用が重要視されています。しかし，これらの小手先の対処法では施設内虐待の問題は解

第Ⅱ部　社会的養護の実際

決・緩和する方向には向かいません。

　もちろん，虐待防止に対するマニュアルの整備と活用についての必要性についてはだれもが理解をしています。しかし，もっとも重要な視点は，対人援助の専門職である保育者が，自身の業務について誇りをもつことだと思います。保育者が保育や相談援助を行う専門職としての価値や倫理のあり方について再度考え，原点に戻り，それぞれの役割や社会的責任を見直し，専門的知識の質や技術について考えていかなければなりません。

✎ 演習 9

　全国保育士会倫理綱領（本書第 3 章参照）を読んだうえで，保育者としての倫理や価値を高めるために日々できることは何があるか，考えてみましょう。

（3）保育者と相談援助に関する展望

　保育者は，相談援助の基礎教育を受ける機会が少ないという問題点があります。保育者を養成する大学や専門学校では教科科目として学ぶ機会はありますが，実習や就職後の研修のなかで継続して相談援助について学ぶ機会はほとんどありません。そのために，保育者は保育の専門職ではあるが，相談援助は別の専門職が担当すると考える人が多いのが現状です。保育者の専門領域は子どもを保育することであり，相談援助に関しては，保護者に対して子どもの発達や成長に関する子育て支援や虐待不安等の相談に対応できる力があれば良いという思いがあり，家庭内の問題やトラブル，生活問題等について相談を受けるのは保育者の役割ではないという意識がどこかで働いているのではないかと推察されます。

　しかし，保育者が施設を利用する子どもや家庭の相談を受ける機会は確実に増えてきています。なぜなら，貧困家庭の問題やひとり親家庭の問題，あるいは子どもに対する虐待の問題，適切な保育を行うことができない保護者の増加等，さまざまな問題が一般社会の問題として浮上してきたからです。

　先にも述べたように，施設の分野では子どもや家庭の相談援助は社会福祉士

192

第**11**章 社会的養護に関わる専門的技術

や精神保健福祉士等の専門家の役割であり，保育者は子どもの保育や教育等を
担うのが主な仕事であるという考え方が固定化している雰囲気がありますが，
施設で勤務する社会福祉士や精神保健福祉士は人数や人材が限定されることか
ら，職員の相当数を占めている保育者も相談援助の相談員の役割を担う必要性
が増してきているのです。したがって，保育者も相談援助に関する知識や技術
を機会あるごとに学び，子どもの専門家として基本的な相談援助の知識や技術
を身につけておく必要があります。

─ ✐ 演習10 ─

　保育者が，施設において相談援助業務を担当することができるようになるた
めには，どのような取り組みやシステムが必要になると思いますか。それぞれ
で考えてみましょう。また，その後でグループごとに意見交換をしましょう。

📖 さらに学びたい人のために
○大久保真紀『児童養護施設の子どもたち』高文研，2011年。
　　新聞記者が児童養護施設に80日間泊まり込んで，児童虐待を受けた子どもた
　ちの声に耳を傾けた記録です。母親たちの苦しみに目を向けた内容は一見の価
　値があります。
○大久保真紀『ルポ児童相談所』朝日新聞出版，2018年。
　　児童相談所で児童に支援や指導を行っている児童福祉司の活動を，1か月に
　わたって取材し，虐待で苦しんでいる乳幼児の現状や児童福祉司による虐待対
　応の実態について詳細に記述しています。児童虐待の現場を知るうえで貴重な
　一冊です。

[田中利則]

第**12**章

社会的養護の今後の課題と展望

● ● ●

> 今日，子どもたちを取り巻く生活環境は大きく変化しています。家庭での養育が困難な子どもたちに対して，どのような支援を社会が担っていくか，社会全体で考えていく必要があります。
>
> 各章で社会的養護の基本的な考え方や歴史，制度や実施形態，社会的養護の内容や資源，支援していくための方法についても言及してきました。本章ではこれまでの内容をふまえて，社会的養護における家庭支援のあり方や，「新しい社会的養育ビジョン」をもとに今後の社会的養護の課題と展望について考えていきます。

キーワード▶新しい社会的養育ビジョン，家庭支援，親子関係の再構築支援，里親への包括的支援，永続的解決（パーマネンシー保障），自立支援

第1節　社会的養護における家庭支援

　現代の日本の社会は，急激な地域の変化や家族の変化により家庭の閉鎖性や孤立化傾向が高まってきていることが指摘されています。それとともに，育児に不安を抱える親も増加してきているなど，現代は子育てが困難な時代と言われるようになりました。また，子どもに対する虐待の相談件数は増加の一途をたどり，親からの暴力等により被害を受け尊い命が失われる事件が後を絶ちません。驚くべきことですが，児童相談所等で受け付けた子どもに対する虐待の相談件数のうち，95％以上はその後も在宅での生活が継続されているという現状にあります。子どもたちの安全を確保するために子どもの生活する家庭に対する支援は急務と言え，社会全体で子育てをどのように支えていくかが重要な課題となっています。

第Ⅱ部　社会的養護の実際

（1）　家庭支援，家族との連携・協働の重要性

　このようななか，2011年厚生労働省より公表された「社会的養護の課題と将来像」では，社会的養護に求められる基本的な方向性として①家庭的養護の推進，②専門的ケアの充実，③自立支援の充実，④家族支援，地域支援の充実の4点が示されました。そして「家族支援，地域支援の充実」を目指した取り組みの一つとして「施設等での養育の後，早期の家庭復帰を実現するための親子関係の再構築等の家庭環境の調整や，家庭復帰後の虐待再発防止のための親支援の充実」があげられています。さらに，「施設のソーシャルワーク機能を高め，施設を地域の社会的養護の拠点とし，これらの家族支援，地域支援の充実を図っていくこと」としています。

　また，2012年には，各施設等の運営の質の差が大きいことから，施設運営等の質の向上を図るため，施設種別ごとに，運営理念等を示した「施設運営指針」が示されました。

　児童養護施設の運営指針では，「家族との連携・協働」として，「保護者の不在，養育困難，さらには不適切な養育や虐待など，『安心して自分をゆだねられる保護者』がいない子どもたちがいる。また子どもを適切に養育することができず，悩みを抱えている親がいる。さらに配偶者等による暴力（DV）などによって『適切な養育環境』を保てず，困難な状況におかれている親子がいる」という現実をふまえ，「社会的養護は，こうした子どもや親の問題状況の解決や緩和をめざして，それに的確に対応するため，親と共に，親を支えながら，あるいは親に代わって，子どもの発達や養育を保障していく包括的な取り組みである」と，社会的養護における家族支援のあり方が示されています。

　さらに，「養育のあり方の基本」において「被措置児童の家庭は，地域や親族からも孤立していることが多く，行政サービスとしての子育て支援が届きにくい。こうした家庭に対して施設は，その養育機能を代替することはもちろんのこと，養育機能を補完するとともに子育てのパートナーとしての役割を果たしていくことが求められている。その意味では，児童養護施設は，子どもの最善の利益を念頭に，その家庭も支援の対象としなければならない。その場合，

第**12**章 社会的養護の今後の課題と展望

地域の社会資源の利用や関係者との協働が不可欠である」と，子どもの家庭に対する支援を行うことは，子どもの最善の利益のためにも必要であることが示されました。

また，2017年に公表された「新しい社会的養育ビジョン」においても，2016年度の児童福祉法の改正をふまえ，子どもたちの安全を守るためには「地域の変化，家族の変化により，社会による家庭への養育支援の構築が求められており，子どもの権利，ニーズを優先し，家庭のニーズも考慮してすべての子ども家庭を支援するために，身近な市区町村におけるソーシャルワーク体制の構築と支援メニューの充実を図らなければならない」として，子どもとともにその家庭を支援することの必要性が示されています。

このように，「家庭支援」は，これからの社会的養護における重要なキーワードとなっており，子どもの最善の利益を保障するためにも，欠かせないものなのです。

（2） 親子関係の再構築支援

ここまで，「社会的養護の課題と将来像」や「施設運営指針」「新しい社会的養育ビジョン」における記述から，社会的養護としての家庭支援の重要性・必要性について述べてきました。これらのなかで共通して強調されていることは「子どもの安全や権利を守ること」です。そして支援の方向性としては，これまでのように施設での養護を考えるのではなく，家庭復帰を視野においた子どもと家庭への支援です。しかし，現実的には虐待などによって親子関係に大きな課題を抱えた家庭が多いのも現実です。親子の信頼関係の回復がないまま家庭復帰をしても，子どもも親も互いにどのように関わればよいのか戸惑うことになり，場合によっては虐待の再発なども起こり得ます。このようなことを防ぐとともに，より早期の家庭復帰を実現するために行われる支援として「親子関係の再構築支援」があります。

第Ⅱ部　社会的養護の実際

①親子関係再構築支援の考え方

　「社会的養護の課題と将来像」において，虐待を受けた児童や虐待を行った
保護者を対象として，虐待という形で歪みの出てしまった親子関係を修復し，
親子関係の再構築のための支援の重要性が示されました。親子関係再構築支援
の目指すところは，分離している児童と保護者への支援を中心に，一時保護所
や児童養護施設などから家庭復帰した後の虐待の再発の防止，家庭復帰しない
場合でも親子がお互いに信頼し合うことができるよう関係を回復し，親子分離
などに至らないよう親に対する支援を行うことと考えられます。

　2014年に厚生労働省から出された「社会的養護関係施設における親子関係再
構築支援ガイドライン」(以下，ガイドライン) によれば，親子関係再構築につ
いて「子どもと親がその相互の肯定的なつながりを主体的に回復すること」と
定義しています。支援の目的としては「子どもが自尊感情をもって生きていけ
るようになること，生まれてきてよかったと自分が生きていることを肯定でき
るようになること」としています。

②親子関係再構築が必要とされる背景

　社会的養護を必要とする子どもたちのなかには，多くの面でダメージを受け
てしまった子どもがいます。一度ダメージを受けてしまった子どもは，不適切
な養育環境から離れ，安全に生活できる環境を得られたとしても，ダメージか
ら回復することは困難で，不適応 (二次障害) や，トラウマ等の問題が発生し，
成人期になって心身の健康や社会生活機能に影響が見られることもあります。
また，親となったとき，自らが体験した虐待などの養育体験を再現する (負の
連鎖) などの悪循環に陥る可能性もあります。そのため，ガイドラインでは，
「悪循環を断つには，初期の段階での予防が必要な事は言うまでもないが，た
とえそのような環境に曝されていてもできるだけ早期に発見し，有効な治療・
支援を提供することでその影響からの回復を図ることは，児童福祉の大きな役
割である」と，親子関係の再構築支援の大切さが指摘されています。

第**12**章　社会的養護の今後の課題と展望

③求められる支援

　施設に入所してくる子どもたちの多くは，それまでの家庭生活のなかで，親からネグレクトや暴言，暴力等を受け，安心や信頼といった人が生きるうえで基盤となるものの形成もおぼつかない，不適切な環境のなかで育ってきた子どもや，安心を与えてくれていた親との別離等，環境の激変を経験している子どもがいます。そして，さまざまな発達の歪みや心身の問題，トラウマの問題などを抱えた状態で，社会的養護に託されてきます。社会的養護関係施設の役割は，このようにさまざまな傷を負っている子どもたちの心の回復や成長を促すことです。そのためにはさまざまな支援が必要となります。なかでも重要な支援が家庭復帰支援になってきます。

　国は，こうした子どもの早期家庭復帰や里親委託の養子縁組の推進などに取り組むために，2011年には児童養護施設等に家庭支援専門相談員（ファミリーソーシャルワーカー）配置の義務化を決めています。親子関係の再構築支援は容易なことではありませんが，家庭支援専門相談員を中心とした親子関係再構築支援の取り組みが期待されています。

　家庭復帰という形の親子関係の再構築が困難であったとしても，施設での生活を継続しながら自立できるまでに，子ども自身が自分の生い立ちの整理をできるように働きかけたり，心のなかの親との関係再構築を支援したり，あるいは永続的な養育を受けられる場を提供することにより，子どもが人や世界を肯定的に眺めることができるよう，支援していくことが必要となります。

　子どもが自尊感情をもてるようになることは，社会適応性を高め，将来，親になったときにも自分の子どもの気持ちのサインにすぐに応答でき，子どもに不安を与えない養育を可能とするためにも必要な取り組みと言えます。

（3）里親委託の推進と里親への支援

　今後，社会的養護が必要な子どもたちにとって里親による養育は，非常に重要な役割を果たすと考えられます。しかしながら日本では欧米諸国のように，多くの里親が存在している国とは違い，里親の文化が根づいているとは言えま

199

第Ⅱ部　社会的養護の実際

せん。そのため里親になる人の不足，里親の質の向上，里親への委託後の支援
体制などさまざまな課題が山積しています。里親の子育て環境がどのような現
状なのかを理解し，個々の里親に適切な支援が必要となり，その重要性を認識
することが大切です。

　里親家庭の家庭支援は，里子や里親がどのような支援を必要としているかを
把握し，里親が孤立してしまわないよう十分に配慮した対応が必要であり，繊
細な対応が求められます。また里親支援においては，里親自身が不安感や孤立
感を抱かないよう，子育て環境の充実や里親の心情を理解した支援が必要とな
ります。里親制度を定着させ，子どもの最善の利益を実現していくためには，
こうした活動をすべて児童相談所に任せるのではなく，保育所や児童養護施設
など，地域の子育て資源を積極的に活用することや，特別養子縁組制度などを
利用した永続的解決（パーマネンシー保障）の取り組みなどを含めた環境整備が
望まれます。こうした取り組みを通して，社会へ向けた里親による子育ての理
解，啓蒙をしていくことが重要と考えます。

第2節　子どもたちを支える環境

　社会的養護とは，「保護者のない児童や，保護者に監護させることが適当で
ない児童を，公的責任で社会的に養育し，保護し，養育に大きな困難を抱える
家庭への支援を行うこと」を言いますが，社会的養護を必要とする子どもとし
ては，親のいない子どもや虐待を受けた子どもだけではなく，障害のある子ど
もや病弱などのため家庭での養育が困難な特別な配慮を必要とする子どもなど
が考えられます。近年では経済的な困窮状態（貧困）のため社会的養護を必要
とする子どももいます。

　社会的養育のあり方については「新しい社会的養育ビジョン」のなかで，
「まずは親子が分離されないように支援することが最優先であること」，しかし
ながら何らかの事情で親子分離に至ってしまった場合は，代替養育は家庭での
養育を原則としながらも，高度に専門的な治療的ケアが一時的に必要となった

第**12**章　社会的養護の今後の課題と展望

場合には，子どもへの個別対応を基盤とした「良好な家庭的な養育環境」を提供し，「必要であれば短期の入所を原則」とすることが示されました。また里親による養育を増加することを目標とし，質の高い里親養育の実現を目指した取り組みの必要性が示されています。子どもを支えるためにはどのような環境が必要とされるのかについて考えてみたいと思います。

①虐待への対応

　社会的養護が必要な子どもたちのなかで，虐待を受けた子どもたちに対する支援をさらに充実させることが望まれます。虐待を受けた子どもたちは心に深い傷を負っています。そのため里親や施設で過ごしたとしても，その生活環境に適応することが難しく，結果として不適応を起こし，将来にわたり自立していくことが困難なケースがあるのも事実です。里親からの独立や施設を退所した後のアフター・ケアや社会に出てからの居場所づくりが必要となります。また虐待の可能性が高い家庭のケースの場合，たとえ親子関係の再構築が一時的にはうまくいったように見えたとしても，家庭の環境や状況の変化により，再構築の状態が保たれるとは限りません。そのため関係する機関は，その家庭に将来にわたり，継続的かつ定期的に関わっていくことが大切だと考えます。そのためには関係諸機関が常にとぎれない連携をとる必要があります。

②自立へ向けた基盤整備

　子どもたちにとって，どんな生活環境で過ごしたとしても基本的な信頼感が保障された環境で育つことが大変重要です。これは子どもの最善の利益が保障されることです。多くの問題や課題を抱える子どもたちにとって，生活環境や心理的環境の継続的な安定は不可欠なことです。この両方がある環境で育つことは，人を信頼し成長し社会に出ていくことや将来自らの家庭をもつことにおいても必要なことです。こうした環境の安定は自分が大切にされたといった経験となり，自分自身を肯定し，自分の人生を大切にし，将来的には確固とした自立への道へとつながっていくと思われます。

201

第Ⅱ部　社会的養護の実際

③教育・保育の保障

このようなさまざまな課題をもった子どもたちや家庭に対して，社会的養護の支援では，本人自身や家族がもっている力を引き出すことのできる支援が求められます。

そして，子どもたちが成長・発達していくためには，保育・教育を欠くことはできません。それは，たとえどんなに重い病気や障害がある子どもたちであっても，他の子どもたちと同様に保育や教育を受ける権利があります。貧困に苦しんでいたり，いじめや不登校などに悩むなど，どのような困難や課題を抱えている子どもたちであっても，教育は将来の自立へ向けて大変重要な取り組みであり，支援に関わる保育者や教員には個々の子どもたちの心理的状況などに配慮した対応が求められます。

第3節　社会的養護の課題と展望

「新しい社会的養育ビジョン」では，「虐待を受けた子どもや，何らかの事情により実の親が育てられない子どもを含め，全ての子どもの育ちを保障する」ことを基本とすることを前提として，「子どもが権利の主体であること」を明確にするとともに，これまでのように施設を中心とした養護活動を目指すのではなく，「家庭への養育支援から代替養育までの社会的養育の充実とともに，家庭養育優先の理念を規定し，実親による養育が困難であれば，特別養子縁組による永続的解決（パーマネンシー保障）や里親による養育を推進する」ことが提言されています。

そして，社会問題化している虐待を受けた子どもや貧困家庭の子ども，障害のある子どもや医療的なケアを必要とする子どもなど，特別な配慮を必要とする子どもにはその状態に合わせた支援の充実を実現し，虐待や貧困などの世代間連鎖を断ち切れるよう，ライフサイクルを見据えた社会的養育システムの確立を進めていくことなどが示されています。

「新しい社会的養育ビジョン」は，(1)市区町村におけるソーシャルワーク体

第**12**章　社会的養護の今後の課題と展望

制の構築と支援メニューの充実を図ること，(2)代替養育のすべての段階におい
て，子どものニーズに合った養育の保障，という2点を骨格として構成されて
おり，(1)については，①保育所における対子ども保育士数の増加，ソーシャル
ワーカーや心理士の配置，②貧困家庭の子ども，医療的ケアを要する子どもな
ど，状態に合わせたケアの充実，③虐待，貧困の世代間連鎖を断つライフサイ
クルを見据えたシステムの確立，④虐待の危険性が高く集中的な在宅支援を要
する家庭に対する分離しないケアの充実等が，(2)については代替養育において
は，子どものニーズに合った養育を保障することが大切であることをふまえ，
①代替養育は家庭での養育が原則，高度に専門的なケアを要する場合「できる
限り良好な家庭的な養育環境」を提供し，短期の入所が原則，②フォスタリング
（包括的な支援）業務の質を高める里親支援事業等の強化，フォスタリング機関事
業の創設，③児童相談所は永続的解決を目指し，適切な家庭復帰計画を立て市
区町村・里親等と実行，それが不適当な場合は養子縁組等のソーシャルワークが
行われるよう徹底を目指すことなどを骨子とした具体的な対応が示されています。

　また，同報告書に示した課題を実現するための具体的な取り組みとして，①
市区町村の子ども家庭支援体制の構築，②児童相談所・一時保護改革，③里親
への包括的支援体制（フォスタリング機関）の抜本的強化と里親制度改革，④永
続的解決（パーマネンシー保障）としての特別養子縁組の推進，⑤乳幼児の家庭
養育原則の徹底と，年限を明確にした取組目標，⑥子どものニーズに応じた養
育の提供と施設の抜本改革，⑦自立支援（リービング・ケア，アフター・ケア），
⑧担う人材の専門性の向上など，⑨都道府県計画の見直し，などの項目が示さ
れ，国をはじめ各自治体には具体的な目標年限を示し，計画的に進めることが
求められています。

　今後進められていくこうした具体的な取り組みのなかから，ここでは「①市
区町村の子ども家庭支援体制の構築」，「③里親への包括的支援体制（フォスタ
リング機関）の抜本的強化と里親制度改革」，「④永続的解決（パーマネンシー保
障）としての特別養子縁組の推進」，「⑤乳幼児の家庭養育原則の徹底と，年限
を明確にした取組目標」，「⑦自立支援（リービング・ケア，アフター・ケア），

第Ⅱ部　社会的養護の実際

「⑧担う人材の専門性の向上など」を取り上げ，これからの社会的養護の課題
と展望について考えてみたいと思います。

（1）市区町村の子ども家庭支援体制の構築

　社会的養護の取り組みにおいてもっとも配慮を要するのは，「（社会的養護に
関する問題を）家庭内の問題としてすませない」ということです。養育ビジョ
ンの実現へ向けての具体的な取り組みとして「子どものニーズにあったソーシ
ャルワークをできる体制の確保」，「支援メニューの充実」，「在宅措置，通所措
置の支援内容に応じた公費負担制度の構築」が示されていますが，こうした取
り組みができる限り早期に実現し，子どもたちの安全が保障されるような環境
を築くことが求められます。

（2）里親への包括的支援体制（フォスタリング機関）

　里親制度については，本書第5章や第9章などで触れてきましたが，新しい
社会的養育ビジョンでは，社会的養護を必要とする子どもへの対応として「家
庭への養育支援を最優先としつつ，支援の困難な場合であってもこれまでのよ
うに施設入所を優先して考えるのではなく，里親委託などによる代替養育を柱
とした取り組みの充実」を目指しています。そのためには里親の養成や支援す
るための体制の整備が必要となります。新しい養育ビジョンでは「里親とチー
ムとなり，リクルート，研修，支援などを一貫して担うフォスタリング機関に
よる質の高い里親養育体制の確立を最大のスピードで実現し」「里親への支援
を充実させ，里親のなり手を確保するとともに里親養育の質を向上させる」こ
とと，具体的な目標が示されました。

　また，里親制度の課題の一つに里子と里親のマッチングの問題があります。
2016年12月から2月にかけて全国里親会の協力のもとに中山らが実施したアン
ケート結果によると「里親の6割近くが里子に対して何らかの育てにくさや困
難さをもっている」ことが明らかとなっています[*1]。また同調査では里子と気持
ちが通い合う里親のほうが，そうでないと感じている里親より，将来にわたっ

第**12**章　社会的養護の今後の課題と展望

て継続的に関係をもっていきたいという気持ちをもっているという結果がでています。里親制度を充実させていくためには，こうした点をふまえ里親に対するきめ細やかな研修や相談援助の機会を設けることが必要となります。

（3）永続的解決（パーマネンシー保障）

第1節の「家庭支援」「親子関係の再構築支援」のところでふれましたが，子どもにとって家族や家庭はきわめて大切な存在です。家庭復帰に向けてさまざまな努力をしても実家庭に戻ることが困難な子どもたちが存在することは否定できません。そうした場合に里親制度の活用が考えられますが，永続的解決としての特別養子縁組という選択肢があります。

現行の制度では，子どもの年齢要件をはじめ，いくつもの課題があるため，厚生労働省では「児童虐待対応における司法関与及び特別養子縁組制度の利用促進の在り方に関する検討会」で検討し，「特別養子縁組制度の利用促進の在り方について」という報告書が公表され，報告書に沿う形で児童福祉法や民法などの関係法制度の改正が行われました。

（4）乳幼児の家庭養育原則の徹底，年限を明確にした取組目標

子どもの権利条約や改正された児童福祉法などで示されているように，特に就学前の子どもには，家庭での養育を実現することが求められています。子どもの成長発達にとって愛着形成など必要とされる子どもの発達ニーズはさまざまですが，実親支援や養子縁組などの取り組みを進めるとともに，フォスタリング機関事業を全国的に展開し，代替養育としての里親委託などを進めることが必要とされています。その一方で，子どものケアニーズが非常に高く，施設等における十分なケアが不可欠な場合には期間を定めたうえで，子どもにとって必要な専門的な手厚いケアが利用できることなども示されました。

どのような場合であっても子どもに十分な説明を行い，子どもの意向を尊重

＊1　中山哲志・深谷昌志・深谷和子『子どもの成長とアロマザリング──里親里子問題への接近』ナカニシヤ出版，2018年。

第Ⅱ部　社会的養護の実際

し，子どもの最善の利益をふまえた対応が望まれます。

（5）自立支援（リービング・ケア，アフター・ケア）

　社会的養護の支援を必要とする子どもにとって，施設を退所し，社会に巣立ち，自立した生活を営むための自立支援は大切な取り組みです。児童養護施設等は，2017年の児童福祉法改正で，これまでのように18歳で施設を退所した後，貧困に陥るケースなどがあるため，自立が難しい場合には22歳になる年度末まで施設を利用することが可能となりましたが，限度があります。

　子どもにとって「（施設を）退所する」ということは「自立する」ことを意味しますが，施設を退所後は施設の職員からの継続的な支援を受けることが難しくなり，生活するためにアパートを借りようとしても，保証人となるべき家族がいないため借用契約を結ぶことができず，アパートを借りることができない。仕事も社会保険等の保障のない非正規雇用として仕事につかざるを得ない。仕事中に怪我をしても保障を受けることができず，仕事を失ってしまう場合がある。など，ひとり暮らしと就職という社会の厳しい現実に出会うことがあります。

　そのため，児童養護施設などでの取り組みには施設内での支援（イン・ケア）だけではなく，自立へ向けての支援（リービング・ケア）とともに，施設を退所したあとの支援（アフター・ケア）が再確認され，新しい社会的養育ビジョンでは，ケア・リーバー（社会的養護経験者）の実態把握を行い，「自立支援指針（ガイドライン）」の作成が計画されており，継続的なアフター・ケアの取り組みを推進していくことが求められます。

（6）担う人材の専門性の向上など

　社会的養護の取り組みは子どもたちの生命を守り，最善の利益の実現に向けた取り組みを行うことにあり，その活動は福祉や心理，保育，医療などに関わる多くの専門家によって支えられています。児童相談所や市町村などは主として児童福祉司等に対する研修を行っていますが，研修の実施状況やその効果の判定を行うなど，社会的養護の質を高めていく取り組みを積極的に行っていく

第**12**章　社会的養護の今後の課題と展望

ことが求められます。また，子どもの権利擁護については国際連合の児童の権利に関する条約や，児童福祉法などで示されていますが，新しい社会的養育ビジョンでは，「子どもの権利擁護のために，早急に児童福祉審議会による権利擁護の在り方を示し」「社会的養護に係わる全ての機関の評価を行う専門的評価機構を創設する」「アドボケイト制度の構築」を行っていくことが示されています。さらに，子どもに対する虐待などにより失われた子どもの死を無駄にせず，検証して，防げる死から子どもを守る制度や技術の向上を目指し，Child Death Review の制度を確立することも示されており，こうした取り組みが言葉だけで終わることのないよう，今後の対応が望まれます。

📖 さらに学びたい人のために

○中山哲志・深谷昌志・深谷和子『子どもの成長とアロマザリング──里親里子問題への接近』ナカニシヤ出版，2018年。

　　本書は，里親への全国調査を元に書かれています。里親とはどのような人々か，年齢層，どのような志望動機から里親になり，どのような思いで養育しているかを明らかにしています。また養育の難しい里子たちのケースをあげ，詳細な事例研究をしています。さらに里親のウエルビーイングやストレスなどとの関連もみています。本書は現在の里親里子について事例やアンケート調査をもとに書かれているので里親の生の声を聞き取り，里親里子問題の今後の課題について考える一助となるでしょう。

○田村正徳・梶原厚子『在宅医療が必要な子どものための図解ケアテキストQ＆A』メディカ出版，2017年。

　　日本は子どもの医療が急速に進み，人工呼吸器や気管切開，経管栄養などの医療的ケアを必要としたまま在宅に移行する子どもたちは増えてきています。このような現状のなか，本書では在宅医療が必要な子どもたちに対して，家庭でどんな対応をしたらいいのか，家族が医療的ケアを修得できるように書かれているものです。生活や遊びの視点からも書かれており，医療的ケア児についてはじめて学んでいく人たちには，在宅医療についてイメージしやすいテキストとなっています。

[吉野真弓]

《**執筆者紹介**》（執筆順，担当章）

小野澤　昇（おのざわ　のぼる）第 1 章

　　編著者紹介参照。

野島正剛（のじま　せいごう）第 2 章

　　現　在　武蔵野大学教授。
　　主　著　『子どもの生活を支える　児童家庭福祉』（共著）ミネルヴァ書房，2016年。
　　　　　　『保育者が学ぶ　子ども家庭支援論』（共著）建帛社，2019年。

小室泰治（こむろ　たいじ）第 3 章

　　元・秋草学園短期大学非常勤講師。
　　主　著　『子どもの生活を支える　社会的養護』（共著）ミネルヴァ書房，2013年。
　　　　　　『子どもの生活を支える　社会的養護内容』（共著）ミネルヴァ書房，2013年。

畠中　耕（はたけなか　こう）第 4 章

　　現　在　福井県立大学准教授。
　　主　著　『群馬県公的扶助史研究——戦前・戦中・戦後社会福祉のあゆみ』（単著）本の泉
　　　　　　社，2009年。
　　　　　　『滋賀県公的扶助史研究——戦前・戦中社会事業のあゆみ』（単著）本の泉社，
　　　　　　2014年。

小菅ゆみ（こすげ　ゆみ）第 5 章

　　現　在　新島学園短期大学専任講師。
　　主　著　『社会的養護』（共著）みらい，2017年。
　　　　　　『社会的養護Ⅱ』（共著）みらい，2019年。

浅川茂実（あさかわ　しげみ）第 6 章

　　現　在　武蔵野短期大学准教授。
　　主　著　『子どもの生活を支える　社会福祉』（共著）ミネルヴァ書房，2015年。
　　　　　　『子どもの生活を支える　相談援助』（共著）ミネルヴァ書房，2015年。

大屋陽祐（おおや　ようすけ）第 7 章

　　現　在　育英短期大学専任准教授。
　　主　著　『子どもの生活を支える　相談援助』（共著）ミネルヴァ書房，2015年。
　　　　　　『障害児保育』（共著）大学図書出版，2017年。

大塚良一（おおつか　りょういち）第 8 章

　　編著者紹介参照。

橋本理子（はしもと　あやこ）第 9 章

　　現　在　城西国際大学准教授。
　　主　著　『子どもの生活を支える　社会福祉』（共著）ミネルヴァ書房，2015年。
　　　　　　『続　新潟県社会福祉史の基礎的研究』（共著）本の泉社，2018年。

吉田博行（よしだ　ひろゆき）第10章
　　現　在　東京成徳短期大学教授。
　　主　著　『社会福祉援助技術』（共著）ミネルヴァ書房，2008年。
　　　　　　『保育の基礎を学ぶ　福祉施設実習』（共著）ミネルヴァ書房，2014年。

田中利則（たなか　としのり）第11章
　　編著者紹介参照。

吉野真弓（よしの　まゆみ）第12章
　　現　在　育英短期大学准教授。
　　主　著　『三訂　子どもの福祉――児童家庭福祉のしくみと実践』（共著）建帛社，2017年。
　　　　　　『子どもの成長とアロマザリング――里親里子問題への接近』（共著）ナカニシヤ
　　　　　　出版，2018年。

《編著者紹介》

小野澤　昇（おのざわ　のぼる）
　　現　在　育英大学教授。
　　主　著　『子どもの生活を支える　社会的養護』（共編著）ミネルヴァ書房，2013年。
　　　　　　『子どもの生活を支える　相談援助』（共編著）ミネルヴァ書房，2015年。

大塚良一（おおつか　りょういち）
　　現　在　埼玉県運営適正化委員。
　　主　著　『子どもの生活を支える　社会福祉』（共編著）ミネルヴァ書房，2015年。
　　　　　　『子どもの生活を支える　児童家庭福祉』（共編著）ミネルヴァ書房，2016年。

田中利則（たなか　としのり）
　　現　在　フジ虎ノ門こどもセンターソーシャルワーカー。
　　主　著　『保育の基礎を学ぶ　福祉施設実習』（共編著）ミネルヴァ書房，2014年。
　　　　　　『保育の今を問う　保育相談支援』（共編著）ミネルヴァ書房，2014年。

子どもの未来を支える
社会的養護

| 2019年11月25日　初版第1刷発行 | 〈検印省略〉 |
| 2021年11月30日　初版第4刷発行 | |

定価はカバーに
表示しています

	小野澤		昇
編著者	大　塚	良	一
	田　中	利	則
発行者	杉　田	啓	三
印刷者	江　戸	孝	典

発行所　株式
　　　　会社　ミネルヴァ書房
607-8494 京都市山科区日ノ岡堤谷町1
電話代表　（075）581-5191
振替口座　01020-0-8076

© 小野澤・大塚・田中ほか，2019　　共同印刷工業・新生製本

ISBN978-4-623-08665-8
Printed in Japan

馬場茂樹監修／和田光一・横倉　聡・田中利則編著
保育の今を問う　児童家庭福祉
A 5 判・264頁
本体　2800円

福田公教・山縣文治編著
児童家庭福祉（第 5 版）
A 5 判・192頁
本体　1800円

吉田幸恵・山縣文治編著
新版 よくわかる子ども家庭福祉
B 5 判・196頁
本体　2400円

和田光一監修／横倉　聡・田中利則編著
保育の今を問う　相談援助
A 5 判・258頁
本体　2600円

和田光一監修／田中利則・横倉　聡編著
保育の今を問う　保育相談支援
A 5 判・268頁
本体　2600円

山縣文治・林　浩康編
よくわかる社会的養護（第 2 版）
B 5 判・220頁
本体　2500円

小池由佳・山縣文治編著
社会的養護（第 4 版）
A 5 判・200頁
本体　1800円

小木曽　宏・宮本秀樹・鈴木崇之編
よくわかる社会的養護内容（第 3 版）
B 5 判・252頁
本体　2400円

谷口純世・山縣文治編著
社会的養護内容
A 5 判・232頁
本体　2000円

——————— ミネルヴァ書房 ———————